Bernard KABORE

Ma société en détresse

Bernard KABORE

Ma société en détresse

Éditions Muse

Cover image: www.ingimage.com

Publisher:
Éditions Muse
is a trademark of
Dodo Books Indian Ocean Ltd. and OmniScriptum S.R.L publishing group

120 High Road, East Finchley, London, N2 9ED, United Kingdom
Str. Armeneasca 28/1, office 1, Chisinau MD-2012, Republic of Moldova, Europe
Printed at: see last page
ISBN: 978-620-4-96435-5

CAUCHEMAR

Salut mon ami ! J'espère que vous vous souvenez de moi.

L'homme qui avait interrompu la marche de kakou était de petite taille, il avait le teint noir qui brillait au contact de la lumière, avec des cheveux à la chauve. Il portait un mini boubou accompagné de bottes en cuir.

— Non Monsieur ! Je ne me rappelle pas. Répondit kakou, je devrais ?

— Oui je crois, fit l'homme. Il enfouit les mains dans les poches puis fit sortir une cigarette et l'alluma aussitôt. Vous m'avez tué il y'a quelque temps.

Kakou fit un silence de quelques secondes. La lune faisait déjà son apparition derrière les maisons. Avant de répondre, il regarda le Ciel dégagé et la Lune qui apparaissait entre les immeubles de la ville.

— Ah oui ! Bien que je n'aie pas de souvenir particulier, j'ai tué plusieurs personnes. Mais d'habitude, elles ne reviennent pas réclamer, vous êtes sûr de ce que vous dites ?

— Que je suis mort ou que vous en êtes responsable ? Interrogea l'homme

— Des deux, dit kakou sans se troubler.

Kakou a fait des choses horribles durant sa vie politique qu'il n'avait plus peur de rien.

— Ok, peut être que vous vous souviendrez si je vous dis mon nom. Reprit l'homme toujours arrêté devant kakou.

— Je ne crois pas, dit kakou.

— Peu importe, toute ma vie, j'ai toujours milité pour le bien-être de la population. Et je sais qu'en aucun moment, j'ai trahi ma nation. Mais vous les assoiffés du pouvoir, vous nous avez écarté de votre chemin pour mieux exploiter le peuple. Oh ! avant que je n'oublie, mon nom c'est Rach.

Kakou fit un pas de côté, simplement pour se débarrasser de l'obstacle et continuer sa route sans plus attendre. Il considérait que, malgré la bizarrerie de la situation, il s'était conduit correctement, sans montrer plus d'hostilité ou de cynisme que d'habitude. C'est pourquoi quand ledit militant imita son mouvement et lui barra le passage, il estima qu'il n'était plus temps de patienter.

— Excusez-moi, mort ou vif, vous m'empêchez d'avancer. Ma famille m'attend à la maison. Je vous ai déjà dit que je ne vous connais pas, que je n'ai pas la conscience de vous avoir tué ou d'avoir donné l'ordre de vous tuer. Je n'ai rien donc avoir avec votre mort, et je vous demande à nouveau, poliment de sortir de mon chemin.

Ces derniers mots sonnèrent plus haut que le reste de la phrase. Au même instant comme obéissant à un signal ou à un programme, les lampadaires du coin s'allumèrent tous à la fois. On aurait dit un éclair qui avait décidé de se perpétuer après s'être déclenché.

Tout à coup, Kakou attendit une multitude de voix sourire. Derrière Rach s'alignait une foule d'hommes et de femmes aux visages graves et crispés. Il y avait également des enfants et des vieillards.

— Choisissez kakou, si vous croyez que je me trompe, si vous croyez que vous ne m'avez pas tué, voici une belle occasion de corriger votre stupide erreur. Je suis très certain que vous avez assassiné plusieurs de ces personnes derrière moi, peut être un grand nombre soit par vos ordres, soit par vos propres mains. Bien qu'un seul suffise, comme test, vous ne pensez pas ?

Kakou était étonné et son comportement montrait à l'évidence que cette fois-ci, l'initiative de Rach l'avait touché. La foule paraît s'être mobilisée afin de lui demander des comptes, à lui en particulier pour les souffrances qu'elle avait connues dans le passé. Morts ou vifs, ils étaient là. Réel ou non, ils étaient là. Pourtant, il décida de ne pas céder, faisant valoir qu'il avait obéi des ordres du président de la République. Il avait tellement confiance en lui qu'il contre attaqua :

— Je me souviens de quelques uns. Un dénommé Boda, Dounga, Tinzu, Gozan, ...et un gamin qui se faisait appeler Luka. Est-ce qu'ils sont parmi tous ces gens là ? Il les regroupa d'un geste de la main. Est-ce que ça suffit ?

— Ils y sont, fit Rach d'un ton grave en grattant le menton. Quant à savoir si ça suffit, on verra.

Quatre silhouettes se détachèrent de la foule et s'avancèrent résolument, de façon à se placer de chaque côté de Rach. Il y avait une femme qui tenait un enfant par les mains.

— Vous faites tous partie de ceux dont je viens de donner leurs noms ? Demanda kakou. Je ne me souviens pas de vous, je ne me rappelle pas non plus vos visages pour le moment.

— Le cerveau sélectionne, dit Rach un peu pensif. Il vaut mieux oublier certains faits et de ce point de vue, rien de mieux que d'oublier les visages de ceux que l'on a tué, vous ne croyez pas ?

Kakou n'approuvait rien de particulier à se voir entourer des gens qui non seulement affirmaient être morts mais qui en plus, l'accusaient de les avoir assassinés. Rien de Particulier et il savait pourquoi.

— Et maintenant ? Dit-il, ils veulent se venger ? C'est ça ?

Les cinq se regardèrent, visiblement déconcentrés. Enfin, c'est la femme qui prit la parole :

— Vous croyez que nous ne le ferions pas ? Nous vous mettrions en morceaux sans remords. Mais nous ne pouvons pas. Les morts ne peuvent pas tuer. Et cela me donne beaucoup de peine de te voir toujours vivant devant nous.

— Je comprends, fit Kakou, les morts ne peuvent pas tuer. Son visage inexpressif ne trahissait pas les sentiments confus qui commençaient à le ronger intérieurement.

— Vous n'avez pas peur ? Dit Boda, maintenant il donna l'impression d'un homme ordinaire, simple et calme.

— Peur d'un cauchemar ? Kakou essaya un coup de se détendre mais son sourire s'échappa.

— C'est ça maintenant ? dit Rach, vous croyez rêver ?

Rach se mordit la lèvre inférieure, tourna à gauche et à droite pendant un instant. Kakou devina que son adversaire n'appréciait pas le cours que prenaient les choses. Il était sûr que cette possibilité avait été envisagé précédemment mais Rach n'avait pas les moyens de le convaincre lui kakou, qu'il ne rêvait pas, qu'il ne s'agissait pas d'un de ces simples cauchemars qui se dissipent au réveil.

— Je rêve ou j'hallucine, insista kakou. Un cauchemar peut prendre diverses formes, y compris ce délire. Il a commencé quand vous vous êtes mis sur mon chemin, bien que je me rappelle ce qui s'est produit auparavant. Ma vision est saturée à partir d'un point dans le passé et ensuite il y'a un trou. Je sais que le Président Tambi ainsi que d'autres personnalités de haut niveau m'ont donné l'ordre, en temps que garde du corps, de liquider tous ceux qui se mettraient en travers leur chemin, qui sont contre leurs intérêt. Certes, il y'a bien longtemps avant que je parte en retraite. Maintenant, je passe mon précieux temps avec ma famille chez moi. Mais une chose est sûre à présent : vous êtes des stupides créatures de mon esprit. En tout, vous n'existez pas.

— De votre esprit blessé, de votre esprit dingue ? Rach essayait de reprendre l'initiative, de frapper fort, mais kakou savait qu'il ne parviendrait pas à le démoraliser, il se savait dur, très dur. Le fantôme d'un mort ne pouvait contre lui.

— De mon esprit. Kakou regarda sans crainte et sans humour les cinq disposés en éventail. Ça durait depuis Trop longtemps et le coup était trop bien monté. Il en fallait plus pour le troubler

— Que voulez vous dire ? Gozan avança d'un pas et tendit le bras. Il avait des mains énormes et aurait pu, d'une seule, étrangler kakou. Vous croyez que vous allez résoudre tout ça en invoquant la folie ?

— Je ne crois pas aux fantômes, dit kakou. Je ne crois pas davantage à la culpabilité, aux mythes, à la souffrance. La seule chose à laquelle je crois un peu, c'est la mort.

— Pour toutes ces raisons, dit Rach, vous êtes convaincu de rêver ?

Kakou ne se troubla pas et haussant les épaules reprit :

— Il n'y a pas d'autres explications. Il suffira que je fasse un effort et je vais me réveiller. Ces genres de chose m'arrivent souvent.

Il ferma les yeux, serra les paupières. Il pensait à sa famille et le verre qu'il avait pris avec des vieux copains la veille. Quelques instants après, il rouvrit les yeux, mais la scène n'avait pas changé. Pour la première fois, il parut désorienté.

— Saturé ou non, fit Rach, la vision persiste, Qu'est-ce qui vous reste ? Est-ce qu'il vous reste quelque chose ? Je dis : une nuit noire. Vous ne rêvez pas, Qu'est-ce qui vous reste ?

— Excusez-moi, je ne comprends pas ce que vous dites, peut être que je suis plongé dans une transe induite par une drogue. C'est possible. Quelqu'un m'a administré une drogue pour m'obliger à vivre ce délire. Mais je suis sûr que l'effet ne durera pas éternellement. J'en sortirai, soyez certains que je me débarrasserai de ce merdier.

Rach un peu surpris des propos de kakou, gratta sa tête, prit son souffle puis reprit :

— C'est plus que vous ne pensiez. Non, kakou. Ce que nous construisons pour vous, ce n'est pas un cauchemar, c'est quelque chose qui s'apparente à une prison et vous y resterez pour toujours. Vous avez arraché précocement la vie à beaucoup d'entre nous ici, des personnes innocentes pour votre cupidité et celle de vos commanditaires ou encore vos stupides supérieurs. Toute votre carrière est tachetée du sang rouge des innocents sans oublier les orphelins qui sont toujours en vie et qui souffrent dans leurs pores. Donc, ne dites pas aujourd'hui que vous regrettez pour ce que vous avez fait dans le passé, les actes ignobles, car ce qui est fait est fait. Vous ne pourrez plus nous redonner la vie, vous ne pourrez non plus achever l'œuvre que nous avions commencé. Alors Monsieur kakou, vous ne Parviendrez pas à sortir de là car nous y veilleront avec beaucoup d'attention.

— J'en sortirai, répliqua très calmement kakou. Ne soyez pas stupide, je me réveillerai et vous disparaitrez tel que vous avez fait votre apparition.

Il observa une petite pause et sortit une cigarette de sa poche puis l'alluma avec une boite d'allumettes qu'il avait dans ladite poche. Au lieu d'exhaler une bouffée complète de la fumée, il pointa sur Rach la main qui tenait la cigarette et qui tremblait légèrement.

— Je vais vous dire ce que je vais faire pour en finir une bonne fois avec cette illusion. Vous êtes morts et bien morts, mes compagnons et moi avons fait le nécessaire. Par conséquent, je vais passer à travers vos corps et, une fois que je serai de l'autre côté, vous allez tous disparaître comme la fumée de cette merde de cigarette.

— N'en soyez pas si sûr ! Dit Dounga. Si vous vous cognez aux morts, vous aurez un sérieux problème.

— Le problème, kakou le reprit à la base, c'etait exactement comme le mort avait dit, il devait assumer ses risques et approuver la résistance du mur. Mais si les morts opposaient une consistance solide ? Que ferait-il ensuite ?

— Vous n'avez pas besoin de faire la preuve, dit vivement Rach. Croyez ce que je vous dis et acceptez calmement votre sort. Comment est ce que vous croyez vous en tirer du moment où le pays sombre davantage dans le désastre à cause de vos stupidités, de vos rapines ? Comment comptez vous vous en sortir si dans cette foule derrière moi, beaucoup sont massacrés comme moi pour des raisons qui n'en valent pas la peine ? Kakou, il ne vous est jamais venu à l'idée que vous aurez à répondre de vos actes ? Assumez alors vos responsabilités.

Kakou sentit une vague irrésistible lui monter à la bouche et avec un sourire contrarié, il reprit :

— Un châtiment ? Si vous croyez que nous avons fait ce que nous avons fait pour passer le reste de nos vies à attendre d'être punis par la même volonté que celle qui a armé nos bras, votre stupidité a atteint son paroxysme.

Dans ce cadre où des milliers de morts et l'assassin se tenaient, disposés comme s'il s'agissait d'un échiquier ne put réprimer un frisson.

— Non, nous ne doutons pas, dit Rach

— Et nous ne douterons pas pour la suite, fit Gozan qui brandit le poing à quelques centimètres du nez de kakou.

Kakou ouvrit très grand les yeux. Les silhouettes reculèrent.

— Maintenant vous comprenez, dit-il, vous n'êtes rien, de la fumée, du brouillard, de la vapeur, la condensation de mes propres doutes, et je n'accepte pas de ressentir la moindre culpabilité pour ce que j'ai fait, pour ce que nous avons fait.

— Nous faisons match nul, kakou, dit Rach revenant à sa position de départ. Nous marquons un avantage léger, infime. Vous savez jouer aux échecs ?

— Aucun sens, je sais jouer bien-sûr mais qu'est-ce que ça peut bien vous faire ?

— Alors, dit aussitôt Rach, vous saurez qu'un bon joueur est capable de voir la combinaison gagnante au moment le plus délicat. Symétrie et équilibre. Ça aussi, vous le savez ?

— Fichez-moi la paix ! C'est ça la vengeance ? Me retenir ici contre ma volonté, en me tourmentant à coup de devinettes et de menaces voilées ?

Rach se mit à rire et plusieurs d'autres derrière l'imitèrent, mais sans beaucoup de conviction.

— Vous achetez bon marché, presque pour rien et vous voulez vendre à prix d'or. Non kakou, ce serait trop simple, trop banal, si nous acceptions de vous faire vivre cette affaire comme s'il s'agissait d'un cauchemar.
— C'est un cauchemar, merde ! je vais me réveiller et vous allez tous rentrer dans le néant.
— Detrompez-vous Monsieur kakou, ce n'est pas un rêve, c'est loin d'être un cauchemar. Dit la femme.
— Ce n'est pas un cauchemar, reprit Benié en écho
— Allez vous me faire céder en rabâchant la même chose ? Vous allez dire mille fois "ce n'est pas un cauchemar, ce n'est pas un cauchemar" Vous croyez que ça suffit ?

Kakou eut une grimace cynique qui lui couvrit le visage comme une tâche :

— Vous êtes tous des idiots en plus d'être des morts. Ça ne marche pas comme ça. Je suis un professionnel et quelqu'un qui agit par conviction. Si c'etait à le refaire, je le referais. Croyez vous être les seuls à avoir des idéaux, des valeurs, des intérêts ?
— Tout à l'heure, vous avez dit que vous ne croyez ni à la culpabilité, ni en la souffrance, ce qui m'autorise à croire que vous ne croyez à peu près à rien, rugit Rach. A peine un peu à la mort. C'est vous qui n'allez pas me vaincre dans une joute verbale, pas moi. Et maintenant, vous parlez d'ideaux, de valeurs...
— Pour ça, vous avez mal choisi votre proie. Pourquoi ne cherchez vous pas des tarés comme le ministre Doul, le député Marc ? Avec eux, vous auriez pu jouer ce jeu tranquillement comme un mauvais Chat avec une bonne souris. Mais pas avec moi, je suis conscient de ce que je faisais. Mon combat contre vous transcende largement la défense de mes intérêt économiques. C'est une croisade que j'ai menacée, Rach, et vous n'allez pas me battre comme ça.

Rach observa ses compagnons et leur fit un geste d'approbation. Mais ce fut Gozan qui prit la parole :

— Vous parlez trop, vous n'imaginez pas ce qui vous attend.

Kakou regarda Gozan d'un air mechant :

— J'attends de me réveiller une bonne fois, j'attends que vous disparaissiez de mon horizon. J'attends de traverser ce fichu endroit et d'arriver chez moi, de retrouver ma famille, de dîner et de lire un peu avant d'aller au lit. Tous ça, vous le regrettez. Moi, je l'ai et vous, vous l'avez perdu. Moi j'ai donc gagné. N'est ce pas ?

Kakou sans annoncer son coup, chargea les morts de la première rangée mais ne fut pas assez rapide pour les surprendre. Les morts s'écartèrent, kakou trébucha, tomba lourdement. Quelques rires étouffés se firent entendre pour s'éteindre aussitôt.

— N'essayez pas de prouver que nous sommes des fantômes, dit Gozan. Il ne s'agit pas de ça, Monsieur kakou.

Kakou se releva dignement et sans tourner la tête, se dirigea vers chez lui. Il était sûr que derrière lui, il ne restait que des bribes de délire en train de se défaire et il ne voulait pas donner de satisfaction à ces énergumènes.

La mésaventure perdait de sa réalité à mesure que kakou s'approchait de chez lui. Il savait que le quotidien, les objets toujours placés dans leurs lieux habituels effaceraient les derniers restes de l'hallucination. Mais s'il ne s'était pas agi d'une hallucination ? C'etait la seule explication possible. Savoir ce qui l'attendait là-bas le tranquillisait. Il se rappelait le moindre détail avec une précision stupéfiante, et ce simple inventaire lui assurait une sorte de pouvoir Mental. Le jardin, les fleurs, le chien, son kalachnikov sous le lit. Tous les objets le ramenaient à la réalité. Il était donc certains d'avoir vécu un cauchemar ou l'effet malencontreux d'un incident pour lequel il n'y aurait pas de véritable explication. Il pensa toute suite à sa femme, sans doute un peu irritée par son retard, qui remettrait le dîner sur le feu, à Madina qui se frottait les yeux résistant à l'envie de dormir et à Ismaël qui serait en train de lire le recueil de poème qu'il lui avait ordonné de lire avant de quitter la cour le matin. Chose bien ordonnée est faite pour se durer, se dit-il.

Du coup, un seul et même frisson le parcourut de la tête aux pieds quand la maison fut son apparition. Les lumières etaient tout éteintes, comme s'il n'y avait pas d'habitants. C'etait injuste. Entre la vie antérieure et la vie éternelle, supérieure, qui suivrait celle ci, il n'y avait que des faits prévisibles, élémentaires. Il avait cherché à ce qu'il soit toujours ainsi. Il cilla et les lumières s'allumèrent comme s'etaient allumées celles du coin des silhouettes, à la façon d'un éclair. Y'avait-il un opérateur incompétent qui se déplaçait entre les ombres des saules, un manipulateur maladroit qui ne cessait de s'amuser et oubliait de se mettre en scènes les éléments appropriés.

Kakou se reprit immédiatement et repartit d'un pas décidé parcourir les derniers mètres. Les aboiements qui l'avaient senti de loin vinrent mettre un terme aux repères invisibles. Il permit au chien de se jeter sur lui comme un acrobate trop fougueux, quand il ouvrit la grille, puis il écarta de la main. Confiant, il engagea la clé dans la serrure de la porte en bois et il ne put retenir un cri :

— Madina, je suis rentré, viens voir papa.

Une sorte de silence lui rappondît. Pas un silence total, mais un silence bizarre, formé de petites particules de bruit. Bruits qui se repliaient sur eux-mêmes, bruits de jouets qui roulaient sur un tas de sable, bruits lancés au travers de salle par une main maladroite, bruits étranges, sourds. Les bruits que font les acteurs quand il se voient au milieu des décors, dans le laps de temps qui s'écoule entre deux actes. Il fait effleurer par des pensées troubles, Indécises. Les noms se nouèrent dans sa gorge. Laurence, Madina, Ismaël. Il voulu les prononcer sans y parvenir.

— Me voici, dit une voix bourrue. La femme surgit de la pénombre de la cuisine. Elle se séchait les mains, trainait les pieds, avait le souffle court. Ce n'était pas sa femme Laurence.
— Que faites vous chez moi ? Dit kakou. Du moins, il voulut le dire car les mots se baladaient dans la bouche mais n'atteignaient pas les lèvres. Mais la femme sut interpréter le grognement.
— Ce que je fais dans ma maison ? répliqua-t-elle. Je fais la cuisine pour monsieur qui arrive à n'importe quelle heure.
— Où est Laurence ?
— Qui est Laurence ?
— Les enfants, où sont-ils ?

— Me voici, la petite que la femme tenait par la main dans les silhouettes. Kakou la regarda pour la première fois, mais elle ne ressemblait à rien à sa femme. Mais la gamine ne lui laissait pas :

— Michel ne veut pas me prêter ses affaires.

— Michel ! Affaire ! C'est la folie ça, que des délires. Comment avaient-ils fait ? Où était sa vrai famille ?

— Ton père est venu sans prévenir comme d'habitude, dit la femme.

— Mon père ? Kakou tourna la tête, regarda les murs comme si son père pouvait faire parti de la conspiration.

— Il est dans le petit salon à jouer aux échecs avec les Michel.

— Kakou décida de brusque les choses. Il se lanca brutalement contre la porte et, dans son élan renversa des pièces. Les joueurs etaient Gozan et un vieux.

— A quoi ça sert de s'énerver ? Dit le vieux. Qu'est-ce qui t'arrive ?

— Ce qui m'arrive ? Kakou jeta un regard stupéfait sur le mur. Fils de pute ! ordures !

— Jean, mais qu'est ce tu as ? tu me fais peur. dit Gozan. Michel ton père fou est enfin là.

— Fou ? Michel secoua la tête. Il n'est pas fou, il est un peu dérangé par quelque chose qui lui est arrivé dans la place, n'est-ce pas papa ?

— Il ne m'est rien arrivé dans la place, et d'ailleurs qu'est ce qui pourrait bien m'être arrivé ?

Kakou se déplaça sans bruit, puis lança les mains comme des fouets. Il fut le premier surpris quand les doigts touchèrent la gorge du vieux et se refermèrent pour former un cercle. Au dehors, le chien aboya.

— Que fais-tu ? balbutia le vieux.

— Gozan écarta les bras de Kakou sans effort, surtout parce que celui-ci, dans son désarroi, avait perdu la volonté d'agir.

— Qu'est-ce que vous en avez fait ?

— De qui ?

Gozan parlait calmement. Il avait quelques années de plus que Ismaël, il était corpulent mais froid.

— On va enfin manger oui ou non ? fit à nouveau la femme de la foule. La petite meurt de faim

— Vous n'existez pas. Dit une fois encore Kakou.

Mais après avoir prononcé ces mots, il baissa les bras. Il n'y avait rien à faire. Il dit alors :

— C'est bon, vous avez gagné. C'est ce que vous voulez que je dise ? oui je l'ai dit ; je suis une bête nuisible, un assassin. Je vous demande humblement pardon pour tout ce que je vous ai fait subir, pour vous avoir fait souffrir autant et enfin vous assassiné. Ça suffit maintenant ? alors rendez-moi ma liberté et ma famille.

Ça ne semblait pas crédible mais il n'imaginait pas d'autre issue. Les armes étaient loin et n'auraient d'ailleurs servi à rien face à ces gens. Il le savait bien, c'était trop tard pour tout.

Tout commença à bouger

— Nous n'existons pas, combien d'autres preuves faudrait-il pour que tu acceptes la réalité comme elle est et non comme tu voudrais qu'elle soit ? questionna Gozan. Ta famille à présent c'est nous, la seule famille possible. Tu apprendras à vivre avec nous, ne t'inquiètes pas.

— Vous n'êtes pas réels, sanglota Kakou. Je vous ai tués. Je me suis acharné sur chacun d'entre vous. A moins que vous vouliez que je le mette par écrit, que j'en parle à la presse. D'accord, je le ferai. Quoi d'autre voulez-vous que je fasse, je suis à votre disposition

— Encore le numéro de la culpabilité ? la femme fit une grimace de lassitude. Maintenant, une fois par semaine, bientôt ce sera tous les jours.

— Mais qu'est-ce qu'il a papa ? dit la petite fille entre les bras de la femme.

Kakou leva les yeux et dit :

— Alors vous êtes la seule famille que je mérite. Il ne m'était pas venu à l'esprit que vous pouviez être aussi ingénieux.

— On va manger en fin de compte ? dit la femme toujours impatiente.

— Non ! je ne mange pas, dit Kakou. J'ai à faire.

— Maintenant ? quoi ?

— Continuez votre jeu.

Kakou semblait avoir retrouvé un de ces contacts qui s'activent en cas d'urgence. Il tourna le dos, quitta la pièce de la maison. Personne ne tenta de l'empêcher de sortir. C'était une mauvaise heure pour déranger les gens, mais les circonstances l'exigeaient.

Il conduisit comme un possédé, brula les feux tricolores et arriva en dix minutes. On le laissa entrer tandis que des voix criaient des ordres que les pneus crissaient sur le gravier. Il laissa le moteur allumé et la portière ouverte, à trois pas il franchit la porte du bureau du président.

— Que vous arrive-t-il mon garde du corps ? vous vous sentez mal ?

Rach tira une cigarette de la poche de son pantalon et l'alluma de même main par un geste que Kakou ne trouva ni magique ni surnaturel. Il regarda dans les yeux de l'homme de petite taille, teint noir et les cheveux à la chauve. L'homme portait un boubou dépassant les genoux, un pantalon noir accompagné des bottes en cuir. Surpris, il s'écria :

— Quoi ? Rach ! situation de départ, mais où suis-je ?

MON FRERE PASSI

Je savais bien que le docteur était énervé contre moi :

— Mon frère, tiens bon. Je sais que tu deviendrais, toi aussi, un jour agent de la fonction publique et tu comprendras que c'est pas du tout simple. Oui ! tu comprendras que ce n'est pas ce que tu croyais.

Comme j'étais déjà sur mes nerfs aussi, ces propos ne me disaient absolument rien.

— Non docteur ! Je m'en fous pour l'instant. Ton devoir c'est de faire ton devoir, ton travail. On ne vous paye pas pour rien.

Le docteur ferma les yeux, les rouvrit, remua la tête puis jeta un coup d'œil à gauche et à droite où s'etaient cloués des malades sur leurs lits. Au milieu, d'autres malades se trouvaient couchés à même le sol sur des nattes. Il y avait ce manque criard de lits. Le docteur avait un comportement qui ne me plaisait pas. Il me voyait comme un agent pathogène dans les environs. Mais comme je ne connaissais rien en la matière, j'évitais de trop tirer avec lui.

Je ne savais pas que j'allais quitter aussi vite la prison. Ce n'est pas simple d'être derrière les barreaux. Une simple mésentente dans une gare routière de la capitale avec une bande de voyou. Ces types voulaient me faire la peau à cause d'un sac à main que j'avais volé à une dame.

On m'avait amené directement à la brigade de recherche de l'arrondissement 7. Là-bas, on me jeta dans une petite cellule sans m'interroger. Une semaine après mon incarcération, un homme vint de nulle part et me dit :

— Je suis l'avocat Kimpa, je suis prêt à t'aider si tu me racontes ce qui t'a amené, très jeune dans la rue.

Monsieur Kimpa, moi je suis Ouango Wiougou. Je suis né le 03 août 1977 à Nakombgo, un village situé à une centaine de kilomètres de la capitale. J'ai fréquenté dans ce village et c'etait là que j'obtins mon certificat d'Études primaire en 1990. L'année suivante, j'ai été inscrit en classe de sixième au collège d'enseignement général de Wavoussé, village situé à une vingtaine de kilomètres de chez nous. A l'époque, il n'y avait pas un collège dans les environs. Comme Wavoussé etait un peu distant de Nakombgo, j'ai été confié à une tante qui s'etait mariée à Wavoussé. Cette tante s'est mariée avant même ma naissance.

Au début, je n'avais pas voulu quitter ma famille pour une nouvelle que je ne connaissais pas trop. Mais contrairement à ce que je pensais, Wavoussé m'a beaucoup plu. J'ai aimé ce merveilleux village. J'ai vécu la belle partie de ma vie dans ce village, d'une manière que je n'aurais pu vivre dans mon propre village. Bien qu'elle n'ait jamais été scolarisée, ma tante accordait un primat à l'éducation. Elle m'encourageait beaucoup dans mes études. Son mari, Kouka, était un des commerçant les plus influents de Wavoussé. Il me prenait comme son propre fils. En plus j'avais à peu près le même âge que son troisième fils. Il avait aussi presque le même âge que mon père. Il était le plus grand commerçant du village et vendait divers articles. Il était vraiment un bel homme plein de générosité. Je profitais comme ses fils de ses gratitudes. Il n'y avait aucune discrimination entre ses enfants et moi dans la maison. Pour nous encourager dans les études, Kouka accordait une importance aux mérites. Les plus méritants sont les plus aimés. Il le faisait sans complaisance. Je n'aime pas du tout les paresseux, me disait-il. Si tu travailles bien à l'école, tu verras qu'on va bien s'entendre.

Comme ma conduite était bonne, il refusait que mes parents m'y apportent des vivres. Il s'occupait de moi comme tous ses fils. Pour une personne comme Kouka, je faisais tout ce qui était de mon possible pour ne jamais le décevoir. Des fois, je lui demandais pour rester l'aider dans ses travaux pendant les vacances. Je voulais le faire pour ce qu'il faisait pour moi. Mais il était toujours contre. Il me disait toujours de rentrer aider mes parents pour les travaux champêtres et revenir à la reprise des cours. Kouka, malgré sa richesse, était très social et généreux envers tout le monde. Il nous apprenait le sens de vivre ensemble et la solidarité. Il fut un véritable père pour moi. Il nous disait que ces valeurs étaient les repères de l'homme africain depuis la nuit des temps et qu'elles sont en train de disparaitre avec la modernisation et les civilisations occidentales. Le courage, la persévérance et l'abnégation sont les maîtres mots de la réussite dans tout ce que nous entreprenons, nous disait-il. Effectivement à Wavoussé, j'ai connu l'amour, la compassion des uns à l'égard des autres. Je m'étais tellement habitué à ce village que je n'aurais jamais imaginé y quitter un jour. Même si j'avais la conviction que je ne pourrais jamais m'y éterniser. Je m'étais déjà fait des amis au collège, dans le village et au delà, des villages environnants. J'étais connu au de-là du village parce-que j'excellais en football. On disputait des matchs avec les villages environnants. Pour beaucoup de mes amis, j'étais un natif de Wavoussé. Ils prenaient mon tuteur comme mon vrai père. Mais d'une manière ou d'une autre, il était un vrai père pour moi.

— Mais tout ce que tu me racontes, je ne vois aucun rapport avec ta présence ici. Dit Kimpa qui s'impatientait de comprendre les choses.

Monsieur Kimpa, suivez mon regard. Vous agissez comme si vous n'êtes pas avocat. J'ai l'impression que vous vous intéressé trop aux conséquences par rapport aux causes. En réalité, j'ai vécu une adolescence exceptionnelle. Avoir deux pères et deux mères fut la chose la plus extraordinaire qui me soit arrivée. J'étais à l'aise dans mes études. J'étais toujours dans les cinq premiers et parfois même le premier de la classe. A chaque fois que je revenais avec mon bulletin de note, Kouka m'amenait choisir une des tenues de sport. C'était mes préférences, surtout les tenues de Ronaldhino. J'avais des objectifs bien définis et le principal c'était de devenir un haut gradé de l'armée car non seulement j'aimais le sport mais aussi mon tuteur nous disait que la protection de l'alter égo, le don de soi pour les autres est une façon de vivre utile sur cette terre. Et je trouvais ma façon de protéger autrui dans l'armée. C'était mon objectif ultime. Pouvoir sauver mes parents de la misère en était un autre. Je devrais également prouver à mon tuteur qu'il n'a pas investi dans le vide.

Puis en 1994, ma vie prit un tournant décisif. C'était l'année à laquelle je devrais passer mon brevet d'études du premier cycle. Comme d'habitude, j'étais déjà prêt pour affronter les épreuves. Mais le sort en est décidé autrement. Un soir après un entrainement, je trouvai mon oncle Noaga chez nous, disons chez mon tuteur. Une surprise, ça faisait longtemps qu'il était venu me rendre visite. Mon père quant à lui était à l'aventure dans un pays côtier. A Nakombgo, je vivais avec mes oncles Noaga et Sibila et leurs familles. Il y avait également ma mère qui était restée à la maison avec mon frère souffreteux. Ce soir là, je cru d'abord qu'il était venu tout simplement nous rendre visite. Mais en même temps, je m'interrogeai sur pourquoi c'était la nuit qu'il venait nous rendre visite. Il était pratiquement environ 7h du soir. En plus, depuis quatre ans que je vivais à Wavoussé, mon oncle n'y était jamais venu la nuit. Mais je ne devrais pas me traumatiser avec autant d'interrogations car je ne voyais pas en quoi c'était anormal de rendre visite à quelqu'un la nuit. Peut être qu'il était de passage dans les parages et avait profité nous rendre visite, me dis-je. Après tout, je le saluai puis prit un tabouret. Après avoir demandé d'après la famille et ceux du village, on aborda, avec mon tuteur, beaucoup de choses. C'était vers 9h du soir qu'il demanda la route pour se retourner. Mon tuteur qui était content de sa visite nous fit chasser un coq pour lui remercier de sa visite. Ma tante avait attaché un foulard plein de condiments pour les femmes à Nakombgo. J'avais de la peine à pousser son vélo qui était surchargé de dons. Il salua une dernière fois mon tuteur et sa femme puis je l'accompagnai à la porte avec son vélo.

— Apparemment ici te plait beaucoup mon fils, tu as pris de la forme là, me dit-il.

Chose que j'acquiesçai avec un sourire sec. Une fois au grand dehors, mon oncle me dit :

— Ouango, l'objectif de ma venue est carrément contraire à ce que je vous ai laissé croire. Je ne voulais pas que tes nouveaux parents se sentent mal à l'aise. Je suis venu parce-que ton petit frère Passi a repris ses crises d'évanouissents. La nuit dernière, il s'est évanoui trois fois. Nous n'avons pas fermé l'œil toute la nuit. Et comme tu le sais bien, ton père n'est pas à la maison. On a donc jugé bon que comme tu es allé à l'école, tu pouvais venir nous accompagner à l'hôpital. Tu connais les comportements des docteurs à Nakombgo, tu arrives, tu ne sais pas t'exprimer en français, ils te menacent comme s'ils ne sont pas nés dans ce pays. Mais comme toi tu es élève, ils vont t'écouter facilement et s'occuper vite de l'enfant car son cas nous fait peur maintenant.

— Monsieur Kimpa, j'espère que vous me suivez. Dit Ouango

— Continue seulement, l'avocat en remuant la tête avec un air intéressé

Mon frère Passo né le 11 mars 1988 est mon troisième petit frère après Jean et Ruth qui me suivaient respectivement. Passi depuis sa naissance souffrait d'une étrange maladie. Mes parents ont tout fait avec les produits de la pharmacopée mais peine perdue. Sa situation s'aggravait de plus en plus au fil des années. Quand il était encore très petit, il s'évanouissait mais une ou deux fois dans le trimestre et puis après il y eut une détente. C'est d'ailleurs pour cette raison que mon père avait laissé ma mère au pays. Pour que l'enfant puisse retrouver ses esprits avant qu'il les fasse venir le retrouver. Mais entre temps, ma mère m'avait dit que son cas avait recommencé. Je la cru mais je ne savais pas la situation aussi recrudescente. Et cela jusqu'au jour où Noaga fut obligé de venir m'en informer.

Pour éviter que j'aie le trac, Noaga me dit que ce n'était pas très grave car tout allait mieux quand il venait me voir. Mais personne ne pouvait plus me dissuader que ce n'était pas grave, sinon il ne devrait pas venir la nuit. J'avais tellement pitié de ce petit innocent qui souffre de ce mal depuis sa naissance. Ma Maman aussi était très traumatisée par la maladie de l'enfant.

J'informai donc Kouka la nuit-même. Le lendemain matin de bonne heure, il me déposa puis me donna trois billets de 500frcs pour mon séjour à l'hôpital. Avant de partir, il me dit de ne pas oublier, que l'examen ne restait qu'un mois. Chose que j'avais déjà avalée depuis la veille. Je lui remerciai puis il s'en alla.

Quand je mis pied dans la case de ma maman, je fus totalement abattu par une grande frayeur. Je me demandais qui d'entre les deux, ma mère et son enfant était le véritable malade. Passi se trouvait d'un coin et ma mère d'un autre de la case. Quand j'ai vu ces deux êtres chers pour moi s'écraser dans la maison, je ne pus retenir mes larmes. C'était comme si mes yeux étaient quittés de leurs orbites. Je savais bien que ma mère était touchée par le cas de l'enfant, mais je ne pouvais pas imaginer jusqu'à ce point. J'aimais bien mon petit frère mais je ne comprenais pas pourquoi ma mère se souciait jusqu'a devenir elle même une malade. Mais j'oubliais que j'ai dit ma mère. C'était la mère de Passi aussi. Elle aurait été autant pour moi. Quand je rentrai dans la case, elle ne savait même pas que j'étais déjà là. Je l'appelai puis sans me regarder, elle me rappondit toujours couchée :

— Oui Ouango ! Tu es déjà là ? Merci beaucoup pour avoir répondu rapidement à notre appel.

— Non maman, c'est le moins que je puisse faire.

— Ok merci bien mon fils, ton frère a repris ses crises. Et cette fois-ci, j'ai peur. Il n'a pas fermé l'œil cette nuit là. Hier nuit, il s'est évanoui trois fois. Sa situation m'affole beaucoup.

— Ok maman, je suis là, on va l'évacuer le plus vite possible à l'hôpital.

— Ok merci Ouango !

— Je vous en prie maman. Mais dites moi maman, vous ne vous sentez pas bien non ? Interrogeai-je.

— Non mon fils ! Je me sens bien. Juste une petite fatigue qui me dérange. Je n'ai presque pas dormi ces deux derniers jours parce-que Passi n'arrive pas à le faire.

C'était ce qu'elle me disait mais je n'étais pas du tout convaincu puisque je sentis qu'elle fournissait beaucoup d'énergie pour me parler. La fatigue certes, mais quelque chose n'allait pas du tout chez elle.

Tout à coup j'entendis la voix de Noaga au dehors. Il était de retour de chez le féticheur. Il était allé chercher des produits de la pharmacopée chez le vieux Tiga. Je sortis pour le saluer et lui dire qu'il était temps pour qu'on amène l'enfant à l'hôpital. Je dirais plutôt ma mère et mon frère. Etant au dehors, on entendit un cri venant de la case où se trouvaient ma mère et son enfant. C'était ma mère, Passi s'était encore évanoui. Noaga couru aussitôt prendre l'enfant, tira les oreilles, les orteils, s'appuya de suite sur la poitrine, faisant le massage cardiaque comme un accidenté. A mon tour, je versais de l'eau sur lui. Ma maman avait déjà perdu sa voix pour crier, elle était là, toute muette et sans espoir. A un moment donné, la respiration de l'enfant revint.

C'est vers 15h que nous avons embarqué pour l'hôpital. En route, Noaga était devant avec ma maman qui avait Passi sur le dos. Quant à moi, je leur suivais avec des nattes et les ustensiles de cuisine. Oncle Sibila était resté pour vendre quelques poulets afin de venir payer les ordonnances. Etant derrière, quand je regardais ma mère et son enfant, tous souffreteux, je ne pus retenir une fois de plus mes larmes. Je me demandais pourquoi la vie pouvait être aussi sévère à des personnes qu'on aime tant, de tout cœur. Ma maman avait déjà perdu une grande partie de son poids, vieillie précocement.

On arriva à l'hôpital vers les 16h 30. Je descendis du vélo puis allai saisir les mains de ma maman pour l'amener sous l'auvent de l'hôpital. Juste à côté se trouvait une porte d'entrée. Toute suite j'entendis une voix criée :

— Euh vous là ! vous ne voyez pas la porte non, ou bien vous êtes des aveugles ?

La personne qui avait crié sur nous s'exprimait en français uniquement. C'était déplorable, c'est ce que l'oncle Noaga m'avait dit la veille à propos des infirmiers. Je me disais que dans le domaine de la santé, la compréhension entre patient et docteur est déjà un soin préliminaire. Il fallait donc des agents qui comprennent la langue de la localité étant donné que nous étions dans des zones reculées, où la majorité des villageois étaient illettrés. Comment pouvaient-ils comprendre ce que ces agents disaient si ces derniers s'exprimaient dans une langue que ces derniers ne comprenaient pas. De surcroit, ces patients étaient toujours traumatisés par ces agents de santé. Ça criait sur les vieux et les vieilles.

Mais Noaga qui n'avait rien compris de ce que disait l'homme s'efforçait pour étaler la natte malgré qu'il sût que c'était des menaces. Il avait raison parce que ma maman et son enfant ne pouvaient plus se tenir debout pendant longtemps car ils étaient épuisés par la distance. C'est ainsi que reprit l'homme :

— Euh vos oreilles sont bouchées ou bien, c'est quoi votre problème ?

— Oui monsieur on entend mais ...dis-je

— Oui on entend mais quoi ? voulez-vous que je vienne vous tirer de là ? m'a-t-il coupé.

— Non, docteur ! je voulais dire que les malades sont fatigués, on voulait juste qu'ils se reposent un peu, repris-je.

— Et c'est là votre espace de repos ? vous ferez mieux d'aller à la plage, ajouta-t-il.

Noaga ne comprenait rien de ce qu'on se disait. Je l'expliquai et il faillit s'emporter. Mais voyant l'état des malades, il n'était pas temps pour ces futilités. Il changea donc très rapidement d'endroit pour étaler la natte. Mais je me trompais déjà sur le compte de la personne qui criait sur nous, le gardien. Je croyais que c'était un médecin. C'était un vieil alcoolique du village qui peinait à joindre les deux bouts. Un ancien combattant qui s'est fait employer dans cet hôpital en tant que gardien. Mais là ce n'était pas la question, on aurait dû être accueilli par un médecin. On a fait presque une demi-heure sans nouvelles des docteurs. Ils se faufilaient d'une salle à une autre où j'ignorais ce qui s'y passait. Personne ne nous posait la moindre question. Pourtant, ils voyaient les malades qui souffraient sur la natte.

A un moment donné, j'ai eu du mal à garder ma patience. Je me suis levé pour aller voir un médecin. Arrivé à la porte, j'entendais le brouhaha de quatre, cinq personnes qui semblaient ne pas être occupées. J'ai donc frappé à la porte trois fois de suite mais aucun d'eux ne prêtait attention. Comme je ne voulais pas me comporter en délinquant, je me suis patienté environ cinq minutes pour reprendre. Cette fois-ci j'ai frappé une fois. Une fois parce que quand je me suis tourné vers ma maman et son enfant, je ne pus supporter cette situation. J'ai donc frappé cette porte avec une certaine fureur. C'est en ce moment que sorti un médecin en vitesse :

— Jeune homme, vous voulez fracasser cette porte ou bien ?

— Non docteur ! dis-je

— Mais c'est quoi ces manières de frapper à la porte ?

— Excusez-moi alors ! repris-je

— Puisque tu l'as déjà fait. Parle, je t'écoute, dit-il tout énervé.

— Ok merci ! sinon que j'ai amené ma mère et son enfant qui ne se sentent pas bien. Mais nous sommes là il y a longtemps mais personne ne se préoccupe de nous.

— Mais où sont tes malades ?

— Les voilà là-bas ; répondis-je en indexant

— Ok j'arrive

Il disparut dans la pièce me laissant devant la porte. J'entendis encore retentir leur brouhaha. Mon oncle avança puis me demanda ce qui se passait. Je lui fis le compte rendu, il m'avait dit qu'il revenait. Il se demandait pourquoi le médecin était reparti sans dire où on devait amener les malades. Il voulut même rentrer par effraction pour les menacer mais je pus le retenir. Encore faut-il attendre plus d'une dizaine de minutes sans nouvelle d'un médecin. Cette fois-ci la rage qui m'animait était insupportable. Je frappai encore à la porte puis un autre sortit :

— C'est toi encore ! on ne t'a pas dit qu'on arrivait non ?

— Monsieur mais ça dure, les malades souffrent, répondis-je

— Abbon ! tu veux nous apprendre notre travail ?

— Non docteur !

— Alors, mais pourquoi tu ne laisses pas cette porte tranquille ?

— Non je ne suis pas d'accord avec vous docteur ! on est là y a longtemps et je ne comprends pas pourquoi vous pouvez être indifférents face à cette situation. Je ...

Je n'ai pas eu le temps de terminer mes propos quand Noaga cria sur le docteur. Passi s'était encore évanoui, le docteur accourut aussitôt vers eux en criant puis les autres sortirent. Ensemble on ranima l'enfant puis ils l'amenèrent dans la salle d'urgence pour lui administrer les soins préliminaires. Environ 15 minutes après ils ressortirent avec l'enfant puis un docteur nous amena dans la salle où le malade devrait être interné. Passi était déjà sous perfusion. Mais comme ma maman aussi ne se sentait pas bien, ils nous ont prescrit une ordonnance pour chercher des produits à la pharmacie de l'hôpital. Je courus aussitôt pour chercher ces produits mais la pharmacie était fermée. Je revins voir le docteur pour l'expliquer qui m'y renvoya encore. Toujours fermée, un des enfants des infirmiers me fit savoir que le pharmacien devrait être au marché qui était non loin de la pharmacie. Je me suis donc très vite rendu au marché. Je fis le tour du marché sans succès. Sur le chemin de retour à l'hôpital, je fis un crochet dans une boutique pour chercher une boite d'allumette. C'est à la boutique après avoir expliqué la situation au boutiquier qu'il dit :

— Ce salaud de George, il ne va jamais arrêter ces bêtises. Il doit être encore dans une des buvettes derrière le marché. C'est son travail dans ce village, il n'est jamais à son poste. Tu vends pharmacie on dirait tu vends chaussures, l'Etat doit voir le cas de ce type.

Comme c'était le retrouver qui me préoccupait, je n'avais pas le temps de causer avec le boutiquier à son sujet. Je courus très vite dans une des buvettes où je l'ai effectivement retrouvé devant une bouteille, presque ivre. Quand je l'expliquai le but de ma venue, il se leva précipitamment rejoindre la pharmacie en titubant.

Une fois à la pharmacie, il prit l'ordonnance, y jeta un coup d'œil puis prit sa vieille calculatrice. Finalement, les frais de l'ordonnance s'élevaient à 3275 FCFA. Il me manquait donc 500 FCFA. Je l'expliquai qu'il y avait mon oncle qui n'allait pas tarder à venir avec l'argent, donc s'il pouvait me donner les produits pour secourir la malade avant que celui-ci n'arrive. Je n'aurai pas dû. George me dit qu'il n'en était pas question. Je suis donc reparti voir le docteur qui me gronda à son tour. Je commençais à en avoir assez de cet hôpital :

— Vous voyez des gens, vous n'avez rien pour vos soins et c'est vous qui emmerdez les gens tout le temps. Ok ! de toute façon, je n'ai rien à voir avec ça. Quand vous aurez vos produits, vous savez où me trouver, je reviendrai m'occuper d'elle si elle est toujours en vie.

C'était les propos du médecin avant de quitter la salle. Heureusement que ça n'a pas fait 10 minutes avant que Sibila ne vienne. Je courus prendre les produits. Vers les 20h, la situation de ma maman l'a mise sous perfusion.

Au début de la soirée, tout allait mieux chez Passi. Puis tout à coup vers les 23h, il reprit ses séries d'évanouissements. Les docteurs étaient obligés de le transférer à l'hôpital de Tampaka situé à une cinquantaine de km de Nakombgo. Ils nous dirent que l'état de ma maman n'était pas assez grave pour l'y amener mais que l'enfant devrait être évacué le plus vite possible. Ils firent sortir leur moto ambulance puis y amenèrent l'enfant.

Sans tarder, Noaga et moi primes la route pour Tampaka. Quant à Sibila, il est resté avec ma maman toujours administrée dans l'hôpital du village.

J'ai quitté l'hôpital chagriné. Maintes questions me venaient à l'esprit. Comment ma maman allait surmonter l'absence de son enfant malade à ses côtés, son état de santé ne va-t-il pas s'aggraver ? Les médecins allaient-ils bien s'occuper d'elle ? Ces interrogations me traumatisaient. Mais il fallait vite se rendre à Tampaka où Passi était transféré d'urgence. Puis ma mère me dit de prendre bien soin de Passi.

Nous sommes arrivés à l'hôpital de Tampaka aux environs des 2h du matin. Là-bas, les médecins faisaient leur travail avec amour, professionnalisme, abnégation... ils étaient transigeant et intransigeants. Nous sommes arrivés trouver qu'ils s'occupaient déjà de l'enfant. Après quelques examens, ils nous dirent qu'il fallait une intervention chirurgicale le plus vite possible pour éviter d'éventuelle catastrophe. Sans transition, ils se sont mis au travail.

Le lendemain matin vers 8h, l'intervention était déjà faite. Les jours suivants, Passi allait de mieux en mieux. Le problème d'évanouissement s'était arrêté. Puis tout à coup, un autre problème surgit. Il avait du mal à uriner. Mais étant donné qu'il ne s'évanouissait plus, on était un peu optimiste.

Nous avions passé quatre semaines à l'hôpital de Tampaka puis un jour brusquement, ses anciennes crises reprirent avec une fréquence incroyable. A cela s'ajoutait son problème urinaire qui s'aggravait davantage. Il ne pouvait plus uriner et s'évanouissait incessamment. Son état devenait de plus en plus critique. Des examens sont encore faits puis on nous a transféré à la capitale, dans le plus grand hôpital du pays.

Au village, on apprenait que la maman aussi allait de mal en pis comme s'il y avait une connexion entre elle et Passi. Elle peinait à manger. Un dilemme qui faillit me faire perdre la boule. Mais ce n'était pas le moment de craquer, il fallait bien s'armer de courage pour surmonter cela parce qu'ils vivaient toujours.

Cette fois, nous voilà en route pour la capitale où je n'avais jamais mis pied depuis ma naissance. Arrivé, on n'y connaissait personne. Les médecins nous dirent d'aller chercher une sonde urinaire. C'était un nouveau problème encore. C'est vrai qu'on n'ignorait pas les dépenses qui nous attendaient à la capitale mais en réalité, on avait déjà tout dépensé à l'hôpital de Tampaka. On est arrivé à la capitale sans le moindre sou. Quel saint se vouer alors ? Personne, on était à la capitale, très loin de notre village. Que ferait un de notre village ici ? Je me bombardais avec autant de questions. Je ne savais par quel procédé joindre Kouka pour lui demander de l'argent. Mais comme le dit un dicton, le monde est petit. Je sortais par la grande porte quand soudain j'entendis une voix qui criait mon nom, c'était un homme de notre village, Rabi. Je le connaissais bien au village car on est de la même famille. Voilà maintenant un sauveur qui tombe du ciel, me dis-je. Mais c'était pas du tout simple, lui aussi, il était là avec sa femme à moitié brulée lors d'un incendie de sa maison. Malheureusement, ils ont perdu leur fillette de six mois dans cette braise. Ça m'a déjà frustré mais je n'avais pas le choix. Je l'expliquai le problème puis il me donna 7000FCFA pour que je puisse gérer la situation. Effectivement je suis allé vite voir le médecin. Il a fait son travail, l'enfant a retrouvé ses urines. A l'hôpital de la capitale, une autre intervention chirurgicale a été enregistrée quelques jours plus tard en guise de correction de la première.

C'est dans cet hôpital que j'ai commencé à fumer la cigarette. La salle dans laquelle nous étions internés était plein d'enfants qui se trouvaient dans la même situation que

Passi. Le manque crucial d'hygiène rendait la salle irrespirable. J'étais obligé de sortir de temps en temps hors de l'hôpital pour aller fumer et revenir.

Durant notre séjour que ce soit à l'hôpital de la capitale ou à l'hôpital de Tampaka, Noaga et moi jouâmes le rôle de la maman. Désormais, Sibila faisait la navette entre le village et la capitale. Il nous apportait de temps en temps des vivres et des sous.

On a fait presque deux mois à l'hôpital de la capitale. L'état de l'enfant s'était bien amélioré. Il jouait même avec les autres enfants de la salle. On n'attendait maintenant que la permission de la part des médecins pour rentrer au village.

Comme souhaité, on nous a effectivement donné la route après deux mois et demi passé à la capitale. Nous avons pris la route du village. J'étais soulagé car Passi riait même, chose qu'on n'avait jamais remarquée depuis sa naissance. On a mis plus de 3h pour rentrer étant donné que la distance était un peu longue avec une voie moins praticable. Nous sommes arrivés au village vers les 12h.

Enfin au village après presque quatre mois que j'y ai quitté. Mais un retour pas jovial. A l'approche de notre maison, j'ai entendu Passi murmurer le mot maman. J'étais bien étonné parce que c'était sa première fois de le prononcer depuis qu'on ait quitté la maison quatre mois plutôt. Mais je ne voyais rien d'étonnant puisque c'était normal. Mais au fur et à mesure que nous nous rapprochions de la maison, j'ai aperçu une foule devant notre maison. Je me demandais ce qui se passait. Ces gens étaient-ils là pour accueillir l'enfant survécu ou bien c'était le PPS de ma cousine qui était prévu ? Toutes ces interrogations ne me rassuraient pas. Il fallait donc arriver pour savoir ce qui se passait chez nous. C'était Sibila qui m'accueillit avec ces propos : ta maman vient d'être inhumée. Ce fut la fin de ma carrière, oui ma carrière d'école et d'espoir.

Euh bien monsieur l'avocat, vous savez maintenant pourquoi je suis en prison, oui je vous explique… je n'ai tué personne, c'est pour ma survie…

SHOURA MA CHERIE

Moussa cria mon nom. Il était assis juste à la table derrière moi.

— Jules ! Ta princesse Vient d'arriver

— Ma princesse ? questionnai-je

— Regarde juste à l'entrée de la grande porte. Reprit Moussa.

Sans perdre un instant, je tournai ma tête vers la grande porte. Le soleil était déjà à quelques encablures de sa destination nocturne. La quiétude régnait dans la salle. Et Quand nos regards se sont croisés, un petit frisson me parcourut le corps. C'était Shoura, la fille qui m'a paralysé à la fac.

Ce jour-là, on a eu des travaux dirigés sur la thermodynamique. La thermodynamique est l'un des modules phares de la chimie générale. J'ai bien aimé ce module au campus. C'est elle qui m'a motivé à opter la spécialité biochimie et substance naturelle. On a commencé les travaux dirigés à 14h pour terminer à 20h.Mais Shoura était une abonnée potentielle de retards, c'est vers les 17h qu'elle arriva. On avait déjà fini presque trois exercices sur les enthalpies. C'était d'ailleurs la partie qu'elle ne comprenait pas. Je savais que j'allais avoir l'occasion de causer avec elle, puisqu'elle viendrait certainement me demander des explications. Je l'attendais donc impatiemment.

En réalité, j'aimais Shoura dès le premier jour qu'on s'est rencontré. Au début, je ne savais pas comment m'y prendre, je sautais sur les rares occasions qu'elle me donnait de parler de moi. Mais à un moment, c'était fini et je préférais changer de conversation. Seulement, un problème se posait. Shoura aimait déjà un de mes Cochambreur en cité universitaire. C'était Croco Dagota.

Un jour, Shoura me trouva dans une des salles d'études au rez-de-chaussée dans le pavillon garçons. J'étais en train de causer avec des amis de la même promotion. On venait de finir de reprendre les exercices qu'on avait faits la veille. Quand Shoura arriva, elle prit une chaise, s'assit. Je croyais avoir une vraie occasion pour l'aborder. Mais elle m'a totalement déçu avec ces interrogations agaçantes.

— Où se trouve mon chéri Croco dans tout cela ?

— En chambre. Répondis-je d'un ton gêné.

— Mais que fait-il en chambre pendant que vous êtes en train de travailler ?

Cette fille ne savait pas que le fait de parler de Croco avec moi me faisait rougir. Mais comme je n'avais pas l'intention de la vexer, je fis comme si cela ne me disait rien.

— Mais je n'en sais rien, je croyais que tu l'avais appelé avant de venir. Repris-je.

— Ok ! Tu m'excuse alors, je ne savais pas que je t'enquiquinais. Reprit-elle avec une voix menaçante.

Elle se leva brusquement, prit les escaliers pour rejoindre Croco au R+2 du pavillon la paix. Je venais de rater une opportunité qui me fracassait la tête. Mes camarades ne savaient pas ce qui se tramait. J'ai toujours souhaité la voir seule, mais je n'étais jamais seul avec elle, ni au campus ni en cité universitaire : la présence de Croco rodait toujours autour de nous et elle ne pensait qu'à lui.

C'était un samedi matin, ce jour-là on avait un cours avec le professeur Kourou à 7h30mn. Le professeur avait accusé un petit retard. Il fallait qu'on se détende en attendant son arrivée. Je m'en suis réjouis car je cherchais une belle opportunité pour inviter Shoura au kiosque situé juste au portail principal de la cour du campus. Comme je ne voulais pas que les gens sachent mon projet, je l'envoyai un SMS rapide "s'il te plait, rejoins-moi au kiosque. Non ! Je t'invite plutôt au kiosque''. Je partis aussitôt à la vitesse de la lumière m'assoir dans un coin du kiosque où je me disais qu'aucune connaissance ne nous verra. C'était un coin où je pouvais l'aborder sans aucun souci. J'étais en train de chercher un préambule en béton. C'était une déclaration d'amour. Pour ne pas commencer ma déclaration d'amour avec des inepties, j'ai pris tout mon temps. J'avais déjà maintes et maintes fois écrit des lettres que je n'ai jamais eu le courage de la remettre. J'ai toujours jugé ces lettres non convaincantes. Ce que je voulais, c'était un face à face avec elle. Et tout à coup, au moment où j'étais sûr de pouvoir l'avouer mes sentiments à son égard, je voyais Shoura venir avec le salopard de Croco. J'ai failli boire mon nescafé un coup et terminer le jus de bissap que je lui avais réservé puis m'esquiver. Mais c'était déjà tard, ils étaient déjà à la porte. Je pouvais m'entêter pour m'en aller parce-que je ne supportais pas la tronche de Croco à côté de Shoura. Mais filer à l'anglaise aussi ne résolvait aucun problème, c'était une fuite de responsabilité et je pouvais perdre des points pour ça. Je me retins. Je riais des dents avec eux mais ça brulait de l'intérieur. Croco était assis juste à ma droite et Shoura à ma gauche. Je ne pus passer une seconde sans lancer des bombes à croco avec mes yeux derrières les lunettes noires que j'avais porté.

— Ah coch ! toi aussi, tu devrais nous réveiller ce matin quand tu venais à l'école. J'ai failli venir en retard. Heureusement que le professeur n'est pas encore arrivé. Me lança Croco.

Croco ne savait pas que sa présence m'énervait, en plus il eut l'audace de me causer de cette manière. Tous les propos qui sortaient de sa bouche m'irritaient. Je me demandais qui pouvait être cette personne qui a réveillé ce tocard pour qu'il vienne bafouer mon plan. Tout mon projet de déclaration était tourné en dérision.

— Non mon coch ! Je ne voulais pas te déranger comme je me suis levé tôt. Je suis passé à quelque part avant de venir à l'école. En plus j'étais déjà au parfum que le professeur allait venir avec un peu de retard. Répondis-je.

— Ok ce n'est pas grave coch ! Mais quel coup man ?

— Ce n'est pas grave ? ça ne pouvait même pas être grave. Murmurai-je. Ahi coch, comme d'hab. ras.

Shoura a passé tout son temps à assister à notre conversation comme une spectatrice, la main gauche dans la main droite de Croco. Tous les deux me cassaient finalement les pieds avec leurs manières.

— Il fait beau temps aujourd'hui deh ! on se croirait au lendemain matin d'une première pluie. Quel beau week-end ! C'est si gentil de nous avoir invité. Vous savez que vous êtes un ami délicieux, mon chéri Jules, dit Shoura.

Il aurait fallu qu'elle comprenne que ce n'était pas à eux deux que j'avais invité. Je n'avais pas mis Croco dans mon programme. Mais il était déjà là, tout cela par la faute de Shoura.

— Oh ! Pour ça, oui, je n'en doute point. Je suis gentil, délicieux, charmant. Un ami très aimable et généreux. Lui répondis-je

Elle referma les yeux. Elle devrait penser à Croco. Un demi sourire se vadrouilla sur ses lèvres. Le visage d'une fille comblée... Enfin presque... Je supposais que le mariage lui aurait mieux convenu qu'une aventure mais le tocard de croco était indifféré à propos. Mes yeux derrière mes lunettes noires, je la contemplais dans tous les sens. Elle avait ses cheveux bien taillés au peigne et habillée de la façon la plus simple possible avec une jupe qui lui descendait jusqu'aux chevilles. Elle portait un habit à laquelle je me demandais d'où est-ce qu'elle en avait eu. Ça devrait dater des années 1900. Bref, je l'observais toujours comme un objectif à décentrement. Je ne la trouvais ni gentille, ni délicieuse, ni charmante. Je voulais simplement l'avoir avec moi le reste de ma vie. Mais pour y parvenir, Croco devrait renoncer, il était donc devenu une sérieuse menace pour mon amour à l'égard de shoura.

Mais comment est-ce que j'ai rencontré cette belle créature ?

J'ai rencontré Shoura un soir vers 18h à la grande porte de la cité universitaire. A la guérite abandonnée par les gardiens qui vaquaient à d'autres occupations, elle avait le dos collé au mur avec le visage qui pointait le sol. A mon arrivée, elle souleva la tête pour voir qui c'était. Je remarquai quelques traces de gouttelettes de larmes sur ses joues. Les Étudiants qui faufilaient à la porte lui jetaient des regards furtifs et hâtaient en détournant la tête. Ma première réaction fut de les imiter, mais poursuivis par l'image de cette détresse solitaire, je revins sur mes pas. Je suis d'une nature assez sensible, je supporte difficilement de voir une personne âgée qui pleure, sauf les pleurnichards me tracassaient.

Je considérai quelque temps cette fille en larmes sans savoir que faire pour l'aider. J'aurais pu bien-sûr, l'aborder en lui demandant ce qui n'allait pas et en quoi pouvais-je lui être utile. Mais je me disais qu'elle allait suspecter mes intentions, soupçonner une arrière pensée. Or je n'en avais aucune en ce moment. Simplement que j'étais possédé par une certaine compassion et je tentais de lui monter le moral. Elle avait l'air d'avoir froid, je sentis quelques frissons en lui. Mais pour un timide comme moi, il était difficile de faire preuve de chaleur humaine. Et pourtant j'étais d'une nature très timide. On pourrait même dire renfermer. J'étais très tranchant devant mes potes, mais devant les filles, je perdais facilement les pédales. Je restai là à la regarder sans savoir quoi dire. Je sentis qu'elle était gênée.

D'autant plus qu'il y avait tous ces passants qui n'arrêtaient pas de passer comme s'ils le faisaient par exprès et qui nous regardaient comme des malheureux. Elle, oui mais pas moi. Si je l'abordais, les Étudiants allaient me regarder bizarrement, chose que je détestais surtout quand je causais avec une fille. On commence à vous regarder, puis on vous examine et ont fini par vous critiquer. Donc pas surtout ça avec moi.

Tout à coup, une idée me vint en tête. Je me souvins qu'il y'avait une boutique juste à la sortie de la porte. Je couru aussitôt acheter un lotus pour qu'elle puisse se débarrasser des restes de larmes sur ses joues. Elle le prit gentiment puis me remercia. Mais je remarquai que de près, elle était moins belle avec sa mine de détresse. De loin évidemment, on ne voyait qu'une charmante demoiselle. Mais de près, les moindres détails étaient là, tels des yeux rouges avec un nez qui coulait. Elle releva vivement la tête et me regarda. Je remarquai également un regard de surprise et d'irritation mais je n'ai prêté aucune attention. Je lui souris puis allai m'assoir dans un kiosque au grand dehors où se trouvaient des amis de la même promotion. Ils se moquaient de moi du fait que moi, le même jeune qui est très vif avec eux était devenu très doux envers une inconnue qui se lamentait pour une cause inconnue.

Nous nous sommes revus le lendemain, mais pas à la guérite et elle ne pleurait pas non plus. Je rentrai dans l'amphi lors d'un cours d'analyse. J'arrivai avec un petit retard, je fus obligé d'aller m'assoir tout juste derrière. J'aimais pas du tout être derrière car j'avais du mal à entendre le professeur de loin avec son vieux micro en cacophonie. En plus, le nombre pléthorique des Étudiants avec le Tohu-bohu me donnaient des céphalées. Je suis arrivé en retard, il fallait donc que j'assume. Je suis allé m'asseoir dans un coin où s'étaient concentrées deux demoiselles sur leurs paperasses à moitié vierge. Le professeur était très rapide. Une fois assis, je leur saluai et elles levèrent la tête pour voir qui c'était. Quelle surprise ! Je ne voyais qu'un visage que j'ai vu il y'avait à peine un jour. Et comme je le dis, cette fois-ci elle ne pleurait pas mais elle semblait un peu gêner de me voir. Elle avait l'air abattu. C'est elle qui, la première, m'adressa un petit sourire. Je trouvais un peu marrant de lui demander si elle allait mieux. Mais c'était aussi idiot de ne pas le faire. Alors je lui demandai comment se portait-elle. Elle me répondit qu'elle allait mieux et me remercia pour la veille.

Le lendemain, on s'est rencontré en cité universitaire, puis le jour suivant et ainsi de suite. Tantôt à la fac, tantôt à la cité universitaire on se voyait presque tous les jours. Et on causait comme des gens qui se connaissaient il y'a une décennie.

Oui ! Je la contemplais toujours sans me gêner beaucoup. Grâce à mes lunettes noires, elle ne pouvait pas savoir si je la regardais ou non. Elle me plaisait. Elle me plaisait vraiment avec son teint noir à la naturelle, une taille d'à peu près les 1m70 et toujours agréable dans sa manière de parler si le nom de Croco n'y mêlait pas. J'avais envie de l'embrasser, mais il n'en était pas question à cause de ce "masque" de Croco Dagota à ma droite. Je lui remis donc le jus de bissap. Ce tocard de croco n'a pas hésité un instant de me demander un verre de nescafé. Comme je n'avais pas envie de mettre mal à l'aise Shoura, je dis au gérant de le lui servir. Je n'avais pas encore fini de lui contempler quand la BMW du professeur fit son apparition. On se ruait pour rejoindre l'Amphi quand Shoura trébucha puis tomba. Je courus aussitôt pour lui témoigner une fois de plus ma compassion. Mais mon soutien est arrivé tard car Croco l'avait déjà fait. Je sentis donc que je venais de perdre des points dans ce coup. Croco m'a tué encore. C'était bizarre, mais l'amour c'était l'attention d'abord. Il fallait qu'elle se sente toujours en securité avec toi. Donc faillir à une pareille mission équivalait à une perte importante de points. Mais ceci n'était que le début du commencement. Je ne renoncerais pas aussi facilement.

Le sport fait du bien, tout le monde le sait. Il procure la santé et développe les muscles. Je sortais de temps en temps faire du footing sur le terrain de la cité. C'était un terrain bien balaise avec du gazon toujours frais. De l'autre coté du terrain se trouvait un plateau réservé aux joueurs de basket-ball. C'était d'ailleurs le sport que j'aimais quand j'étais à la fac. Un jeu qui a des règles pas simples mais très intéressant. Un soir, j'étais en train de faire un échauffement quand Shoura apparut. En réalité, je sortais rarement au terrain mais cette fois-ci je n'avais pas le choix, j'avais l'impression que Shoura aimait trop les sportifs. Mais tout allait se gâter. Elle fit soudainement son apparition au terrain de jeu. Je me disais qu'elle allait me donner des points supplémentaires. Pourtant, c'était mal connaitre cette fille. A peine arrivée, elle me dit qu'elle me prenait de loin pour fille. Elle disait à tout temps que je n'avais pas la forme d'un sportif, que j'avais plutôt la forme d'une femmelette. Encore qu'il y avait des filles qui pourraient mieux faire que moi.

Merde, j'ai failli péter un câble sur le champ. Mais je ne voulais pas qu'elle sente que j'étais déjà énervé par ses propos insultants. Pire encore, elle ne voyait pas d'inconvénients à me parler ainsi. Puis elle continuait à n'en point finir ses balivernes. Pour endiguer ma déception, je souriais avec elle pourtant que de la braise ravageait l'intérieur.

— Et mon croco ? demanda-t-elle.

— Il doit être en chambre, répondais-je.

— Excuse-moi alors monsieur Iron Biby pour le dérangement, je monte rejoindre mon coco. Dit-elle avec un ton ironique puis me donna le dos.

Je me retins de lui dire que si Croco avait besoin d'elle, il l'aurait appelé. Mais dans tout ça, je n'étais qu'un spectateur enragé qui n'avait besoin qu'un simple « je t'aime » de Shoura pour calmer ou faire disparaitre cette rage. Elle monta donc dans le pavillon.

Nous avions pris l'habitude de nous revoir chaque soir devant le pavillon fille où elle logeait. Comme au début, j'étais un peu timide avec elle, je commençais à être un peu bavard. Quand on se croisait, on parlait sur beaucoup de chose sans aborder l'essentiel. Shoura aimait me suivre presque partout. Elle me voyait comme un ami simple. Mais je ne voulais pas de cette amitié. Une semaine plus tard, je l'invitai dans un glacier. Après une légère hésitation, elle accepta et nous nous sommes mis à sortir une ou deux fois par semaine. Puis j'ai suggéré à ce qu'on sorte le plus souvent, chose qu'elle n'éprouva pas. Mais il faudrait toujours que mon plan marche. Shoura et moi étions collés si bien que beaucoup croyaient que c'était ma copine. Pourtant, je faisais tout ce qui était de mon possible pour attirer son attention mais elle se jouait à l'ignorante. Mais à chaque fois qu'un coup foirait, d'autres idées me venaient à l'esprit. Quelques temps plus tard, je l'invitai à une foire qui était organisée en ville puis elle répondit à l'affirmative. Pour elle, du moins elle croyait que je faisais cela pour lui faire plaisir mais c'était une manière pour moi de l'éloigner de Croco.

Nous n'avions jamais fait allusion ni moi, ni elle au chagrin qui était à l'origine de notre rencontre. Mais elle semblait à peu près détendue. Quand je l'invitais et qu'elle refusait, je recevais cela avec un sourire contraint. Mais je n'insistais pas car quand on me claquait une porte au nez, j'avais une certaine estime en moi qui m'empêchait de ne pas essayer de rentrer. Et c'est elle qui m'avait parlé de Croco.

Evidemment j'aurais bien dû me douter qu'elle avait un homme, que son chagrin de notre première rencontre n'était pas dû à un simple vague à l'âme. A un tel ami que moi, on pouvait tout dire. Et rien dans ma conduite n'aurait pu lui faire supposer que j'éprouvais pour elle un autre sentiment que l'amitié tout simple. Alors, non seulement elle me parlait sans cesse de Croco, mais elle l'appréciait de façon exagérée. Bien sûr, il l'avait fait souffrir mais tel qu'il était, elle l'aimait.

En réalité, Croco était en cité mais de façon illégale. Il était au pavillon garçon 2 au début d'année. N'ayant pas eu la chambre en cité, il avait négocié avec un ami qui avait accepté partager sa chambre. Mais à un moment donné, ce dernier avait son petit frère qui venait d'avoir son baccalauréat et avait été orienté dans la même filière que son frère. Croco devait donc libérer la place. Et comme à l'époque les Etudiants étaient solidaires, il a été accueilli à bras ouvert dans notre chambre car il connaissait un de mes cochambreurs. Et comme dans la chambre, on était tous de la même promotion, on s'était vite familiarisé. Pourtant, c'était mon principal rival.

Shoura et Croco se sont connus quand ce dernier était toujours dans son ancien pavillon. Et quant à elle et moi, on ne s'était jamais vu jusqu'au jour où je l'avais trouvé en train de se lamenter. On faisait pourtant la même filière mais avec l'effectif, c'était compliqué de connaitre tout le monde. Pour l'affaire de Croco là, je ne m'attendais surtout pas à ça. Et puis, je me suis repris. J'ai décidé donc de réagir, de lutter. C'était bizarre mais j'aimais vraiment Shoura. Avant tout, il fallait que je réussisse à me rallier à eux, à briser le lien fatal qui existait entre eux.

Je n'y tenais plus, que pouvait-t-elle bien fabriquer dans la chambre avec Croco ? Il y avait déjà plus d'une vingtaine de minutes qu'elle est montée. Tant pis, j'y suis allé. Ce n'était pas de mon genre mais je trouvais cela un peu exagéré. Mais elle oubliait tout de même qu'elle était chez moi aussi. Quant à Croco, il ne perd rien pour attendre. Tu as négocié pour pouvoir loger avec nous. Et comme ça ne te suffisait pas, tu te permets d'amener des filles dans la chambre sans notre consentement ; me lamentai-je. Je pénétrai à mon tour dans le pavillon. Je m'arrêtai devant la porte. On n'avait pas besoin de tendre l'oreille pour entendre le bruit de spasmes. C'était plus fort que moi, j'ai ouvert la porte puis me voilà en plein milieu de la chambre.

Shoura s'est levée rapidement du lit en reboutonnant sa chemise. Elle était vraiment en boule car je venais d'interrompre la partie la plus intéressante du film. Croco, qui était resté allongé me regardait entrer sans rien dire.

— Mais vous aurez pu frapper, dit Shoura avec une voix menaçante.

— Pardonnez-moi, dis-je comme si je ne savais pas ce qui pourrait se passer à l'intérieur. Je ne pensais pas que vous aviez déjà …

Je m'éclaircis la gorge pour pouvoir continuer mon allocution puis elle m'interrompit :

— Vous ne saviez pas quoi ? que je ne pouvais pas … ok merci, gardez votre chambre. Dit-elle en quittant la chambre en vitesse.

Je sus qu'elle était vraiment énervée. Et c'était la première fois, depuis qu'on s'est rencontré, que je me suis conduit de façon irresponsable à son égard. J'étais tellement découragé au point que je ne me suis pas rendu compte qu'elle était déjà partie. J'étais découragé d'une part parce que je l'aimais, je ne pouvais pas permettre qu'elle se livre à Croco sous mes yeux. Puis d'autre part, je me demandais comment j'allais faire pour qu'elle redevienne une amie comme avant. Mais j'étais déterminé, je n'étais pas prêt à renoncer. Je le reconnais que je ne m'étais pas bien comporté, mais l'amour est plus fort que tout. Je ne m'en suis pas trop pris. De toutes les façons, j'ai pu empêcher quelque chose que je ne souhaitais pas, faire l'amour avec Shoura devant moi. Mais ce qui est fait est bien fait, il fallait que je passe à la phase de négociation avec elle.

Elle m'évitait mais une semaine après, j'ai réussi encore à m'intégrer dans leur foutue relation tout en leur promettant de ne plus me mêler de ce qui ne me regardait pas. Pourtant, rien ne me regardait plus que ça. Petit à petit, la confiance s'installait entre nous encore. Un dimanche, elle m'invita à prendre du thé dans leur chambre. Je croyais que j'avais enfin réussi à usurper son cœur. Mais hélas, c'était pour me parler davantage de sa relation avec Croco. Je l'écoutais par une oreille puis ça passait par l'autre pour enfin s'évanouir dans la nature. En tout cas, quoi qu'elle dît, je n'avais jamais eu l'intention de battre en retraite.

C'était l'un des plus mauvais après-midi de mon existence. Jamais je n'ai eu autant l'impression de ne plus exister. Dès cette visite, j'ai compris que leur amour était vraiment du sérieux et qu'un tel amour ne pouvait laisser de place pour aucun d'autre. Mais ce Croco aurait été beau encore ! Il était laid, une espèce d'avorton avec une tête chauve et son caractère semblait aussi malgracieux que son apparence. En matière de beauté, je ne me vantais pas, mais il n'y avait pas match entre lui et moi. Sur le plan des notes aussi, pas de demi-mesure. Mais tel qu'il était, Shoura l'aimait et elle ne cherchait plus un homme capable de lui offrir l'amour qu'elle méritait. Amour qui pouvait aboutir à un mariage. Un garçon comme moi, ça ne courait pas les rues. Mais elle gâchait sa vie pour un être, qui, dans son inconscience, ne voyait pas ses sacrifices. Très rapidement, j'ai été amené à conclure que ce serait un vrai service à lui rendre que de la débarrasser de Croco. Un service dont elle ne me saurait évidemment aucun gré si elle apprenait que je le lui avais rendu, mais il importait de savoir-faire malgré eux le bien de ceux que l'on aime.

Elle le pleurerait pendant quelques temps mais tout fini par s'oublier. Elle l'oublierait dans mes bras. L'ennui c'était que je ne pouvais pas faire disparaitre Croco en incognito. On dirait d'ailleurs qu'il avait compris mon plan. Désormais, il sortait sans dire à personne où il allait. J'ignorais où il passait sa journée et c'était difficile d'interroger Shoura sur ce point car elle aurait pu s'en souvenir par la suite si quelque chose de mal arrivait à croco. Enfin, il y avait une seule alternative, j'avais tout envisagé, même le poison mais rien ne me convenait. Oui c'aurait été bien pour lui mais cette façon de le liquider me dégoutait assez. Mais j'avais toujours des plans.

J'ai préparé mon plan longtemps en avance. J'ai commencé par inviter Shoura en grande famille qui était située à quelques kilomètres de la cité universitaire. C'était à l'occasion du baptême d'un frère. Puisqu'elle m'invitait aussi de temps en temps chez elle à l'occasion de tels évènements. Et comme je m'y attendais, elle m'a répondu qu'elle partait à condition que Croco soit là. Sur quoi je l'ai assurée que jamais ne me serait venu l'idée de les inviter l'un sans l'autre. Naturellement, Croco pouvait venir aussi avec sa moto.

Jusqu'à présent, tout s'était déroulé comme je l'avais prévu. C'était samedi soir à 20h à la veille du baptême qu'on a quitté la cité. Ils auraient dû se remorquer pour compromettre mon plan. Mais chacun voulait sa moto. C'est vrai que mon plan n'était pas ainsi mais j'ai pu le substituer par un nouveau plan qui semblait le plus propice et idéal. On a pris ainsi le boulevard, Shoura devant, moi au milieu et Croco derrière. Au centre-ville, l'embouteillage était énorme. J'avais l'intention de lui faire cogner par derrière afin qu'un véhicule lui brise le bras ou la jambe. Cela pourrait convaincre Shoura à le quitter. Elle me disait de temps en temps que son gars doit être toujours apte, sinon qu'elle n'avait rien à foutre avec un garçon qui n'est pas apte. Donc mon objectif c'était de le paralyser une bonne fois pour toute. Alors, je fis un geste comme si j'allais doubler deux véhicules puis il me suivit en grande vitesse. Et tout à coup, j'ai pris le frein. Il me cogna par derrière puis tomba. Je suivais Shoura sans tourner la tête. Je fis semblant de ne pas savoir ce qui s'était passé. Je m'en battais d'ailleurs les couilles. Je me disais qu'un véhicule allait rouler sur ses pieds pour que je puisse prendre ce que je convoitais depuis longtemps. Mais comme il est tombé, on entendait trop de klaxons par derrière, c'est en ce moment que Shoura s'est retournée pour voir ce qui se passait. Nos regards se sont croisés puis en même temps elle me dit de regarder comme cette ville est…elle n'acheva pas ses propos. Ses yeux s'agrandissaient. Elle fit un demi-tour, me bouscula avec sa moto et s'élança vers Croco qui s'était allongé au milieu de la voie attendant qu'un véhicule vienne l'écraser. Effectivement une remorque sans phares et en pleine vitesse pour passer à un feu tricolore qui était sur le point de passer au rouge était à une trentaine de mètres de nous.

Shoura pouvait-elle espérer arrêter cette remorque ? Je courais derrière elle le moins vite possible en criant- mon Dieu ! Tout en souhaitant que Dieu ne se mêle pas de ça. Shoura en courant, trébucha, perdit une de ses ballerines et se débarrassa de l'autre derrière où je me trouvais. Je n'aurais pu croire que leur amour était arrivé à un niveau où elle allait risquer sa vie pour sauver Croco. Elle cria plus fort que jamais, j'en ai entendu crier de toute ma vie. Heureusement pour elle, le chauffeur la voyait de par la vitre. Il freina donc aussitôt et s'arrêta à quelques mètres de Croco. Je me précipitai donc pour soulever Croco qui saignait un peu de la bouche. Encore une tentative avortée. Shoura a pu stopper le drame qui allait se produire.

Elle haletait, pleurait, riait tous ensemble en saisissant dans ses bras Croco qui s'était mis à hurler.

— Croco mon chéri, sanglota-t-elle, mon ange, mon trésor, mon tout-petit

Puis elle souleva la tête vers moi et dit :

— Jules, tu comprends maintenant pourquoi je dis que tu es une femmelette ? on ne sauve pas un ami en courant de la manière dont tu le faisais.

C'est là que j'entendis Croco murmurer avec elle. Ce mec serait en train de raconter ce qui s'était passé. Mais je m'en moquais. Ils se sont trimballés au bord du goudron puis ont pris la décision de repartir en cité malgré mon insistance pour continuer. Cette fois-ci, mon échec fut flagrant. Mais les plans, ça ne finis jamais pour conquérir celle qu'on aime vraiment.

J'envisageai d'autres plans…

LE TAPISSIER

Elle l'avait enfin décroché. Je fus le premier à me réjouir de la réussite de ma copine à l'examen du baccalauréat. Ce jour-là, nous étions à l'atelier quand les résultats sortaient. Quand les jurys faisaient plutôt l'appel. C'est le moment le plus spécial attendus par les candidats après avoir composé un examen de fin d'année. Un moment où tous les candidats retiennent leur souffle. Cette année-là, ils avaient fait une exception. Ils ont donné les préliminaires des résultats à la télévision nationale.

La veille de la proclamation des résultats, nous étions en train de suivre le journal de 20h dans lequel la journaliste affirmait que d'après le ministère de l'éducation, les résultats des examens dans son ensemble n'étaient pas encourageant et ne promettaient pas un avenir meilleur pour le pays. Deux agents du comité d'organisation des examens et concours au niveau national y étaient invités. L'un disait que les élèves sont devenus très paresseux depuis un bout de temps, qu'ils ne bossaient plus et que cela s'expliquait par le fait qu'ils s'adonnaient à la toxicomanie, au banditisme, a la délinquance juvénile avec ses corollaires. Il renchérit pour dire que ces derniers n'avaient plus d'objectif. Les établissements étaient transformés en des lieux où tout est permis. Donc ces résultats médiocres ne surprenaient pas les autorités.

Effectivement, le constat était très flagrant car ces dernières années, on avait constaté une baisse considérable des taux de réussite lors des examens de fin d'année. Mais cette défaillance n'incombe qu'aux élèves ? La question est ridicule mais elle est tout de même à prendre au sérieux. C'est alors que l'autre prit la parole. Pour lui, l'ensemble des acteurs de l'éducation est responsable de cette situation déplorable. En effet, toutes les activités éducatives se trouvaient paralysées à cause des manifestations à n'en point finir des élèves ainsi que le personnel éducatif. Encore qu'il ne fût pas exclu de remarquer les absences régulières et les retards exacerbés de la majeure partie du personnel éducatif dans les établissements.

Mais quoi qu'il en soit, les résultats étaient déjà là. On n'y pouvait rien contre ce qui est déjà fait. C'était inutile d'accuser qui que ce soit. Les deux parties avaient raisons. Mais chacun de son côté devait mettre la main à la pâte afin de renverser cette situation chaotique et compromettante.

Rasma, c'était le nom de ma copine. Elle n'a pas fermé l'œil la nuit précédant le jour des proclamations des résultats, surtout que le journal l'avait davantage désarmée. Pour qu'elle soit décomplexée avant la délibération, on a passé toute la nuit à s'envoyer des messages. On parlait du n'importe quoi, pourvu qu'elle oubli un tant soit peu ce qui l'attendait le lendemain. Elle me disait qu'elle voyait déjà son échec car elle dit avoir commis des erreurs sur l'épreuve de la physique-chimie. Pourtant, cette matière est très importante pour le baccalauréat série D vu son crédit élevé à 5. Mais étant donné que les résultats à proprement dits n'étaient pas encore tombés, nul ne pouvait se situer exactement. Il suffit de voir des imbéciles qui n'ont rien foutu mais croient quand même en la chance. Et pourtant, la chance n'est qu'un concept odieux et offensant, c'est très ridicule l'idée qu'il existe une force dans l'univers faisant pencher les évènements en notre faveur ou défaveur. Certes, nous avons le droit de croire en tout, mais on doit être objectif dans nos croyances. Mais Rasma était tellement abattu, je l'encourageai donc de garder l'espoir car les autres matières pouvaient compenser le vide étant donné qu'elle n'avait pas merdé dans les autres matières.

Le jour J de la proclamation des résultats, Rasma a passé toute la journée dans mon atelier. Elle a eu peur d'aller écouter l'expression traditionnelle qu'est '' les candidats approcher''. Elle n'était pas la seule. Beaucoup avaient peur d'affronter ce qu'ils méritaient, ils préfèrent entendre leurs résultats à travers les autres. Personnellement, je devrais y aller écouter mais j'étais tellement pris. Mais quelle ne fut notre surprise lorsque l'une de ses amies l'écrivit pour la mettre au parfum de la bonne nouvelle. Rasma était admise avec la mention assez bien. D'habitude, quand j'arrivais à l'atelier le matin, je détendais l'atmosphère avec mon vieux magnétophone. Lucky Dube était mon artiste de référence. Mais ce matin-là, avant la sortie des résultats, c'était le silence de cimetière. Je ne pouvais pas animer avec Rasma qui était là à ne penser qu'à ses résultats. Dieu merci, après les résultats j'ai animé comme jamais jusqu'à ce que les voisins dansassent dans leurs salons. Tout mon voisinage connaissait ma copine Rasma. Elle était toujours à l'atelier quand elle n'avait pas cours. Elle y passait ses pauses de midi. Je dansai comme si j'étais le lauréat ce jour-là. Quant à Rasma, elle ne pouvait pas croire. Elle voulait des preuves tangibles, elle ne croyait pas au message car elles étaient deux à avoir le même nom « Illy Rasmata ». Quoi qu'il en soit, c'était certainement elle car son numéro matricule y était mentionné. Elle avait précipitamment lu le message qu'elle n'ait pas pris le temps de regarder le matricule. Preuve suffisante pour se réjouir. Au moment où mes voisins et moi lui adressions nos sincères félicitations, elle ne pensait qu'à joindre quelques amis du lycée pour se rassurer. Ces derniers confirmèrent. Il s'agissait bel et bien d'elle.

On a passé une journée exceptionnelle. Rien qu'en pensant que Rasma ait pu finalement valider ce baccalauréat qu'elle composait depuis trois ans. Je me voyais libérer des baillons.

Honnêtement je craignais pour ses résultats vu les échecs successifs des années antérieures. Elle, qui était bien en forme était devenue comme une libellule. J'avais pitié d'elle. Ses parents comptaient beaucoup sur elle. Mais ils commencèrent à perdre leur espoir avec les échecs consécutifs de celle-ci.

Rasma et moi, nous nous sommes rencontrés lors des nuits culturelles de leur établissement. Elle faisait déjà la troisième quand on s'est rencontré. J'étais allé à ces nuits culturelles avec des potes. Nous étions en train de profiter avec notre table ronde pleine de bouteilles qu'on vidait doucement. Il y en avait presque toutes les boissons accessibles sur notre table. L'odeur de la chicha qu'on fumait autour de rôle envahissait la zone. On parlait du n'importe quoi comme on avait l'habitude de le faire quand on se trouvait avec les potes, c'était que des délires. Presque tous mes potes avaient déjà pris des numéros ce jour-là. J'étais le seul qui n'en avait pas encore eu et cela était en partie dû à ma timidité. Ils se moquaient du fait que je n'en avais pas encore eu. Je n'attendais donc qu'à sauter sur la première fille qui s'aventurerait devant nous. Puis soudain surgit de nulle part une belle demoiselle. Disons trois, quatre filles, je m'en souviens plus trop. Mais quelle importance ! C'était Rasma qui m'avait impressionné avec sa beauté. Une fille de teint noir bien ciré, habillée en traditionnel avec des sandales traditionnelles en cuir de crocodile. Elle avait une taille moyenne avec un corps de rêve. La tête était tressée a l'africaine, en point-point avec des fils en caoutchouc. Elle avait en tout l'attribut de la femme africaine, beauté indéniable.

Ce jour-là, elle était avec ses copines mais je peux l'avouer, elle était l'étoile qui brillait parmi elles toutes. Elle avait un sourire bienveillant avec ses yeux de biche. C'est alors qu'un de mes potes les siffla. L'une d'entre elles, je pari que c'était la plus vilaine, mademoiselle la responsable de leur groupe, se précipita pour dire aux autres de ne pas considérer ces délinquants. Et si ça ne tenait qu'à elle, nous n'allions même pas remarquer leur groupe. Elle rajouta que nous étions des vrais délinquants parce qu'elle nous voyait fumer de la chicha. Mes potes voulaient les envahir sur le champ. Je ne pouvais pas permettre une telle chose vue que ma perle faisait partie du groupe. Une chose que j'ai remarquée est que quand ses camarades parlaient, Rasma était la plus timide, elle se jouait à la spectatrice. Pourtant, durant tout le scénario, mes yeux n'étaient que sur elle. Je l'aimais déjà, c'était un vrai coup de foudre. Je me suis donc levé pour aller prendre sa main qui faisait semblant de résister. Je lui fis savoir qu'elle était belle et que ça me ferait plaisir si on se rencontrait une autre fois pour mieux se faire connaissance. Mais elle résistait toujours. Je comprenais aisément sa réaction. Ses copines étaient déjà nos ennemies. Ça serait de la traitrise si elle me donnait son numéro. Je la laissai partir tout en espérant que je la croiserais peut-être seule d'ici la fermeture des activités. Mais un instant après, j'ai fait le tour de la foule sans le moindre signe de sa présence. C'est quand nous étions prêts pour rentrer qu'un petit garçon vint me remettre un bout de papier de la part d'une fille. Je venais d'avoir le numéro de Rasma.

Comme beaucoup d'autres enfants, moi je ne suis pas allé loin à l'école. Le problème est simple, manque de moyens. Mais pour ne pas abandonner totalement, je continuais de suivre les cours du soir après une journée passée à l'atelier. J'ai quitté les cours du jour à ma cinquième. C'est avec les cours du soir que je suis arrivé en classe de troisième. Mon père nous a quittés quand je n'avais qu'un an. Quand j'eus l'âge d'aller à l'école, ma mère s'est remariée avec un autre homme loin de chez nous. Je vivais dans la cour de mon oncle, le grand frère de mon père qui malheureusement n'avait pas eu d'enfant après plusieurs mariages. Les charlatans l'ont toujours flatté que l'erreur venait toujours de la femme. Donc il n'arrêter pas de répudier et de se remarier. Maintenant qu'il était fatigué avec ces charlatans. Il avait trouvé une solution adéquate à sa stérilité. Ne plus blâmer qui que ce soit. Il a arrêté avec ses histoires de remariage et s'était finalement concentré sur son atelier. Je travaillais donc dans son atelier. Mon oncle pouvait s'acquitter de mes frais d'études mais il n'accordait pas d'importance à l'école et j'ignorais les raisons. C'est pourquoi je finis par déserter pour lui rejoindre dans l'atelier. Mais il était ouvert, il m'apprenait comment coudre les bâches, monter les fauteuils et réparer beaucoup de chose relevant du domaine de la tapisserie. Au bout de quelques années, il m'a ouvert mon propre atelier. Me voilà maintenant indépendant. Travailler à son propre compte, c'était mon souhait. J'arrivais à résoudre mes petits problèmes avec cet atelier et je ne me plaignais pas. Pour un début, il fallait être patient, transcender des obstacles pour un jour enfin réaliser de grandes choses. Seulement que nous, africains, nous voulons toujours amasser le maximum de bénéfice après avoir investi la veille.

C'est vrai que la vie est fugace mais l'espoir d'un lendemain meilleur pour les futures générations doit nous inspirer.

Ce soir-là, quand je suis rentré à la maison, je suis allé rapidement payer une carte de recharge pour me rassurer que ce fût bien Rasma qui m'avait laissé son numéro. Effectivement la voix m'était déjà familière malgré qu'on se soit entretenu qu'en une fraction de temps. Elle m'a même présenté des excuses pour le désagrément au lycée. Mais je n'en avais rien à foutre. Ce qui importait, c'était elle. On s'est juste présenté et je négociai un rendez-vous qui échoua sitôt parce qu'elle avait un examen dans les quelques jours qui suivaient. Elle me suggéra donc de me patienter à la fin des examens. Comme c'était une nouvelle conquête, je devais aller avec toutes les précautions qui soient. Je cédai donc à ces exigences. Je m'étais érigé à son guide moral pour son examen. Des conseils par ci et par là comme si j'avais franchi la troisième. Mais comment pouvait-elle le savoir si je ne m'hasardais pas à m'aventurer sur les cours. J'étais un peu âgé, lui dire que je cherchais toujours le BEPC, mon projet risquait de tourner au vinaigre. Pour elle, j'étais le tapissier. Et j'étais fier de l'être. Je voulais que ça s'arrête à là. Donc on s'écrivait de temps en temps quand elle avait un peu du temps. On ne s'était pas encore rencontrer depuis le premier jour. Mais je voyais en elle une fille exceptionnelle. Elle avait un esprit ouvert, étonnant pour une élève de la troisième. Et je le sentis à travers nos causeries sur divers sujets. On causait bien sur la vie de nos jours, le désordre dans nos sociétés actuelles, le comportement indécent des jeunes et ainsi de suite.

Dieu merci, l'année s'est bien terminée pour elle. Elle a décroché son BEPC au premier tour. Quelques temps après, un soir, elle m'appela pour me dire que je pouvais passer le même soir si je ne serais pas occupé. Occupé ? M'interrogeai-je, rien au monde ne pouvait m'empêcher d'y aller. Un rendez-vous que j'attendais depuis des jours. J'avais grande envie de la revoir pour contempler encore cette belle créature.

J'ai reçu la nouvelle vers les 17h, c'était un samedi. Mais toute suite, un défi se présenta. Je ne pouvais pas aller chez elle avec les mains vides. Il me fallait donc un cadeau. D'abord pour son admission à l'examen, et c'était notre première rencontre. Pourtant, l'expérience a prouvé avec un lourd pourcentage que la fille africaine accorde beaucoup d'importance aux premières impressions. Elle méritait en conséquence un cadeau. J'avais travaillé toute la journée sur les fauteuils d'un vieux. Et comme par magie, Il me devait 3000fcfa mais il était satisfait de mon travail qu'il m'a filé un 5000fcfa. J'étais capable de faire des nuits blanches pour accomplir les tâches que ces genres de personnes amenaient dans mon l'atelier. Ils te motivent dans ce que tu fais. Plus on t'encourage, plus le travail est bien fait. Le vieux n'était pas le premier à le faire, bien de personnes m'ont déjà donné le surplus de ce qu'ils me devaient pour un travail bien fait. C'est vrai que mon atelier n'était pas assez grand, mais je tenais à satisfaire tous les clients qui s'y présentaient. Mon slogan était travail bien fait, client fidèle. Quel bon vieux ! M'exclamai-je. Ça tombait à pic, on dirait que le vieux avait une boule de cristal. En tout, il m'a sauvé ce jour-là. Je n'avais presque rien dans mes poches. J'en avais mais je l'avais déjà dilapidé la veille lors de l'arrosage d'une des sœurs d'un pote. Elle aussi, elle a eu son BEPC la même session. Comme on le sait chez nous, quand on est jeune en Afrique, on pense que l'argent va tomber du ciel un jour sur nous pour qu'on puisse réaliser nos projets. Donc on dilapide le peu qu'on gagne dans les maquis, derrière les fesses tout en oubliant que c'est petit à petit que l'oiseau fait son nid. Mais on est jeune, laissez-nous faire notre jeunesse, on aura le temps de nous lamenter à la senescence.

Avec mes 5000fcfa, je devrais lui faire plaisir. Je courrai aussitôt au marché pour chercher le cadeau. Mais à vrai dire, j'étais nul en matière de cadeau. Je ne savais pas quel cadeau lui donner pour l'épater car je n'en avais jamais fait. Je n'avais pas aussi l'intention de divulguer mon secret à qui que ce soit. Finalement, j'ai opté de lui offrir une montre. La raison de cette option était pour moi simple. Le temps est pour nous la chose la plus précieuse sur cette terre. Il est donc à exploiter avec délicatesse et beaucoup de soin. Nous ne serons rien sans le temps. Cette montre, c'était pour qu'elle sache que le temps passe vite et que nous sommes des passagers sur terre, nous sommes des êtres éphémères. Donc tout ce qu'elle veut faire, elle doit bien le faire en tenant compte que le temps peu jouer en notre faveur ou défaveur. Mais j'oubliais que chez nous, le plus important pour un cadeau c'est le plaisir. On s'en bat les couilles pour sa signification. Certes, j'ai donc payé la montre à 2500fcfa puis la faire emballée à 500fcfa. Le soir quand je partais chez elle, je suis passé au « dèguèdrome » prendre « dèguè » de 1000fcfa.

On a bien causé ce soir-là. Je la dévorais des yeux. On dirait qu'elle devenait de plus en plus belle. On a causé de tout et de rien comme on le faisait par message. Je la félicitai pour son examen puis lui remis les cadeaux. Elle les apprécia. Pour elle je n'aurais pas dû me créer des dépenses. Mais je ne lui ai pas cru. On est entre africains, on se connait. C'est alors qu'elle me dit qu'elle avait du mal à choisir la série pour la suite de ses études. Je ne connaissais pas trop en matière de ces séries mais une chose m'était sûre, tu choisis mal ta série et la suite de ton cursus scolaires est mise en péril. Je lui dis de ne pas choisir la série par complaisance ni pour faire plaisir à qui que ce soit. Seules tes compétences dans les différentes matières peuvent te guider dans le choix. Elle devrait faire une rétrospection dans les classes antérieures pour jauger son niveau avec ses notes dans les différentes matières. Elle me promit alors de le faire. Sur ce, j'ai pris congé d'elle. Comme c'était notre première rencontre, je n'ai pas voulu trop l'importuner. Cela pour ne pas se faire prendre pour un plaisantin car une chose est sûre chez nous, plus on a la liberté de parler, plus on raconte du n'importe quoi. Je ne voulais pas qu'elle me voit de trop déjà. Je tenais bien à elle mais pour une première rencontre, certaines paroles sont à éviter si je ne voulais pas que notre relation qui venait de naitre meurt prématurée.

Après cette rencontre, on s'est rencontré à nouveau puis encore et encore. Elle était devenue la personne à qui je me confiais et moi un ami qui comptait beaucoup pour elle. Tous mes projets s'étaient tournés vers elle. Lui satisfaire dans ses besoins était toujours mon objectif principal. Puis un soir, bien évidemment aux encablures de la rentrée des classes, elle m'appela pour m'annoncer ce que je n'imaginais pas. Elle dit qu'elle n'avait pas eu la place au public et que ses parents aussi ne pouvaient pas assurer ses frais d'études dans un établissement privée. Bizarre chez nous, si j'en crois à la constitution, je trouve un petit paradoxe. Et le plus frappant et étonnant se trouve à son article 00, apparemment l'éducation est un droit fondamental pour le jeune citoyen. Mais peut-être que cette constitution est obsolète maintenant. Tout ce que je sais c'est qu'on ne doit pas privatiser ce qui est un droit. Finalement, il s'agit d'un droit sélectif qui ne devait plus s'appeler « droit » car ceux qui n'ont pas les moyens sont mis à l'écart. Mais qu'est-ce que je racontais encore ? Ça ne devrait pas être mon problème, j'oubliais qu'on était encore chez nous.

Je lui promis d'y réfléchir. Moi qui me débrouillais pour joindre les deux bouts, me voilà maintenant jusqu'au cou dans le pétrin. Mais j'avais intérêt à faire quelque chose pour elle car je l'aimais bien. J'avais même pour dessein, de la marier. Je me trouvais donc dans l'obligation de l'aider même si j'en étais conscient du travail qui m'attendait si je prenais la décision de l'aider. Mais si y'a une chose que j'ai comprise chez nous, nous sommes prêts à satisfaire l'étranger même si nous allons dormir le ventre creux. Nous sommes capables d'égorger le seul poulet qui nous restait pour faire plaisir à l'étranger. Par finis, je me demande souvent si c'est un défaut ou une qualité. Mais comme l'heure n'était plus aux grands discours, je me suis mis au travail. Dieu merci, à la rentrée j'avais économisé pour qu'elle puisse faire son inscription en attendant que je puisse chercher le reste. Les frais de scolarité dans cet établissement pour la classe de seconde s'élevaient à 90000fcfa. Pourtant, je n'avais que 70000fcfa. Je pouvais avoir cette somme mais le problème était que j'avais des créanciers qui ne voulaient pas s'en acquitter. Elle pouvait donc s'inscrire avec ce que j'avais déjà.

Un soir, je lui donnai rendez-vous à l'atelier. Elle y vint et fut heureuse d'apprendre que j'allais lui donner la somme pour l'inscription et on verra le reste du payement après. Je lui remis donc les 70000f puis elle me remercia. Elle me dit de ne pas m'inquiéter pour le reste car ses parents vont se débrouiller compléter. C'est vrai que j'avais pris la décision de payer toute sa scolarité mais si ses parents pouvaient compléter le reste, je ne voyais pas en quoi j'allais me torturer encore. Je pouvais maintenant chercher à résoudre mes propres problèmes car ils étaient mis au second plan. Le lendemain matin, elle passa avec son père à l'atelier. Celui-ci me remercia longuement à son tour avec des bénédictions foudroyantes. C'est vrai que je n'avais rien mais je reconnaissais au moins la portée du geste.

Quant à Rasma ma doudou chérie, son père était un gardien dans un service de l'Etat. D'après ses dires, son père n'est jamais rémunéré à temps. Il parait même que quelqu'un l'avait aidé à avoir le poste. Ce dernier percevait le tiers de son traitement salarial. Et ce salaire passait d'abord par son soi-disant bienfaiteur avant que son père prenne ce qui lui revenait. La maman de Rasma était une ménagère qui aidait une femme dolotière à vendre son dolo. Elle aussi ne gagnait pas quelque chose de significatif. C'était donc la souffrance avec un gros euphémisme. Quant à moi dans toute cette histoire, je ne prétendais pas jouer le rôle de ses parents. Loin de ça, seulement que je sentais que cette famille avait besoin d'aide. Mais chez nous, quand tu n'es pas dans le cercle des gens aisés, il ne faut pas s'attendre à ce qu'ils te viennent dans ta détresse. Quand tu es riche chez nous, tu perds tes sens de compassion. Les riches s'enrichissent et les pauvres s'appauvrissent. Quelle honte humaine ! Ce n'était pas mon problème du tout mais là c'était ma future femme qui était menacée d'une année blanche. Et je ne pouvais pas tolérer une telle chose.

En tout cas Rasma a pu bosser cette année-là mais moi j'ai blanchi la mienne. Moi mes études n'étaient assez sérieuses. C'est ridicule mais j'ai fait carrière en classe de troisième non pas parce que je transportais une tête vide mais plutôt que cette tête avait assez de problèmes que de s'occuper des formules de Pythagore. Pour la composition des examens, je partais juste faire acte de présence puis j'attendais ce qui m'attendait. Mais je déposais quand même ma candidature chaque année sauf défaut de moyens. Je l'ai composé sept fois mais peine perdue. J'ai dû l'abandonner pour accompagner Rasma. Elle au moins, elle avançait. Pour mon futur, je me suis mis au sérieux dans mon atelier car dit chez nous un adage qu'on ne peut pas suivre deux lièvres à fois.

Dans la même année, j'ai fait tout ce qui était de mon mieux pour que Rasma ne manque de rien qui puisse nuire ses études. A chaque pause de midi, elle était à l'atelier puisque leur établissement n'était pas loin de mon atelier. Je m'occupais de sa ration. Je ne trouvais d'ailleurs aucun inconvénient à le faire. C'était ma copine et de surcroit ma future femme. Heureusement, elle a pu valider la seconde C avec une bonne moyenne. J'étais vraiment content car je venais de réaliser que ma contribution n'a pas été vaine. Mais une chose était bien claire, Rasma m'aimait bien. Je le sentais à travers ses comportements et parfois elle se montrait très jalouse quand elle trouvait des clientes qui me taquinaient à l'atelier. Celle-ci est une des lettres qu'elle m'avait écrites :

Mon amour Luc

Je ne saurais par quoi commencer mais sache que je t'aime de tout mon cœur. Les mots me manquent tellement pour te dénicher ce que mon cœur ressent pour toi. Sache que cet amour que je ressens pour toi n'a rien à voir avec ce que tu as pu faire pour moi. Certes, cet incident m'a permis davantage de comprendre que tu partages le même sentiment et que notre amour est réciproque. Pour un homme, chaque fille a ses critères comme chaque homme a ses critères pour une femme. Mais je peux te l'affirmer, tu es l'homme idéal que toute femme sérieuse voudrait épouser. Mes crises de jalousies ont leurs raisons bien fondées. Tu es un homme attentif, attentionné, généreux et bien d'autres qualités. Ne pense pas que je suis en train de parler sous l'effet de quoi que ce soit. S'il en était le cas, c'est l'amour que j'ai à ton égard. Te perdre ça sera de la folie. Nonobstant ta situation, tu trouves toujours le courage de m'accompagner dans la quête de mon avenir. Je ne serai pas longue. Je voulais juste attirer ton attention.

A très bientôt mon amour ! Je t'aime, bisous !

La lettre de Rasma m'a donné de l'assurance sur ce que je m'étais engagé. L'accompagner bien sûr dans ses études. Et une fois qu'elle aurait fini ses études, on se marierait.

Mais la route sera longue, elle est même jonchée d'obstacles. Les années suivantes, j'étais devenu la seule personne sur qui elle comptait. Ses parents en vieillissant ne pouvaient plus s'occuper d'elle. Je me suis donc occupé de ses frais d'études jusqu'à l'université. Parfois je m'endettais pour qu'elle puisse être satisfaite. Le plus grave est que Rasma a fait le baccalauréat trois fois. Et chaque échec, elle changeait d'établissement parce qu'elle avant honte de reprendre dans le même établissement avec les petits qui venaient de la première. Ses caprices ont failli me couper le cœur mais j'étais déjà engagé comme dit-on qu'un cycliste qui pédale entre des précipices doit continuer de pédaler pour ne pas tomber dans les précipices. Je ne voulais pas non plus qu'elle fasse une année blanche ou suivre les cours du soir. Dans les établissements privés aussi, on dirait que chaque année que Dieu faisait, ils augmentaient les frais de scolarité. A cela s'ajoutaient les fournitures, les téléphones pour ses éventuelles recherches sans parler le moyen de déplacement et la ration.

Rasma a commencé à faire les concours quand elle est arrivée en terminale. Chaque année, elle composait mais la chance comme on le dit n'était jamais de son côté. Elle avant pour concours préféré la gendarmerie. En tout, elle avait parfaitement la forme d'une gendarmette et aimait aussi bien le sport. Mais son défaut c'était sa dissertation, c'était sa bête noire. Et c'est ça qui la faisait échouer à chaque fois. Elle avait une amie, Ana qui me chérissait beaucoup. Je sentais qu'elle aimait être à la place de Rasma mais hélas. Elle m'a même suggéré un jour d'aller doucement avec les dépenses sur Rasma. Pour elle, Rasma devait aussi se trouver un petit métier pour pouvoir gérer ses petites dépenses au lieu de passer tout son temps à ne compter que sur moi. Mais j'ai pris ces propos, de propos de jalousie. Elle ne comprenait pas l'intensité de l'amour qui existait entre Rasma et moi. Quant à Ana aussi, c'était la gendarmerie qui l'intéressait. A chaque fois qu'elles partaient composer les concours dans la capitale, c'est moi qui m'occupais de leurs frais de transport et de séjour. J'étais le bon samaritain. Mais ça n'a pas été vain car Ana avait finalement décroché la gendarmerie. Pour Rasma a toujours été bizarre. Néanmoins, je l'encourageais pour la poursuite de ses études. Elle aussi, elle était courageuse malgré ses échecs successifs au baccalauréat. Si une année n'avait pas donné, elle s'armait toujours de courage pour la prochaine. Ce qui était le plus important. On peut tout perdre et vivre si on a toujours l'espoir. Perdre l'espoir c'est perdre la vie.

C'est après des essais stériles et de persévérances accrues que Rasma a obtenu son baccalauréat. Elle a duré dans cette classe, mais certes, un adage nous dit que mieux vaut tard que jamais et nous n'avons pu que rendre gloire à Dieu pour cela.

J'ai alors organisé l'arrosage car ça méritait vraiment un festin. Je tenais à lui faire comprendre que malgré ce qu'elle a pu endurer, j'étais toujours prêt pour elle. Mais comme je le disais tantôt, la route était toujours longue. Après une étape franchie, une autre se présente. Les études universitaires est un autre univers, un nouveau monde que Rasma devait découvrir. Elle était si pressée de dénicher cet univers. Elle fut donc orientée en science de la vie et de la terre.

Moi à mon niveau, j'étais soulagé pas seulement parce que Rasma a eu son BAC mais aussi parce que je n'aurai pas à dépenser comme dans les classes antérieures. C'est vrai que des dépenses m'attendaient aussi à la fac mais la pression n'était pas comme avant. En plus, les frais d'inscription étaient à 15000fcfa. Je payais ça en un seul coup et la vie continue normalement. Elle à son tour aussi, avec les aides qu'elle recevra, elle pourra gérer ses petites dépenses. Quel soulagement !

Le sexe avant notre mariage n'était pas dans mon programme. J'ai passé sept ans avec Rasma sans lui parler à aucun moment du sexe. Elle aussi, elle ne m'a jamais fait sentir qu'elle en avait besoin. Je ne l'en parlais pas pour diverses raisons. Si ça ne tenait qu'au moment de notre première rencontre, j'allais très rapidement sauter sur elle. Mais la situation a déjoué sur cette manière de procédé. Je trouvais le fait de demander le sexe irresponsable de ma part. Ne prendrait-elle pas cela comme si je voulais profiter d'elle parce que je lui soutenais ? M'interrogeai-je. Je devrais donc lui laisser venir quand elle en aura besoin. Qu'à cela ne tienne, ce qui comptait pour moi c'est qu'elle serait la future mère de mes enfants. Et rien qu'à penser à ça me suffisait et me donnait l'envie de la soutenir autant que je pouvais.

Après six bons mois passés au campus, le comportement de Rasma a changé. Avant, Rasma ne pouvais pas faire deux jours sans passer à l'atelier. Mais je fus étonné quand Rasma a fait deux mois sans venir à l'atelier. On s'appelait au téléphone puis on se croisait rarement. Au début, elle s'excusait qu'elle avait cours jusqu'aux heures tardives. Et effectivement je la comprenais. Encore je ne pouvais pas m'emporter au risque d'être agaçant à son égard. On avait fait un long chemin ensemble, chacun devrait se maitriser pour que cette relation s'achève comme nous tous on le souhaitait. Je dirais plutôt ce que je l'aurais souhaité. Mais j'avais mal compris la tournure que prenaient les choses. De plus en plus, elle ne répondait plus ni à mes sms, ni à mes appels. Et les seules fois qu'elle me répondait, je finissais par être raccroché au nez pour des raisons qui n'en valaient pas la peine. Parfois, quand mes appels ne sont pas répondus, je me rendais chez elle comme j'avais coutume de le faire. Et à chaque fois que j'arrivais chez elle, ses parents me faisaient savoir qu'elle est sortie sous prétexte qu'elle venait chez moi. Au début, ça ne m'intriguait pas. Je n'avais d'ailleurs aucun droit sur elle. Elle avait donc le plein droit de sortir comme elle le voulait, aller où elle souhaitait aller. Mais la seule chose que je ne cautionnais pas, c'était le fait que ses parents la croyaient toujours chez moi quand elle n'était à la maison. Cette même remarque était devenue très fréquente. Elle sortait pour ne revenir qu'à 4h-5h du matin, avec toujours la même signature-elle venait chez moi-. C'est la goutte d'eau qui a fait déborder le vase. C'était la chose que j'évitais depuis longtemps. Mais comme je n'avais pas une autre alternative, je l'envoyai ce message :

Salut ma belle !

Avant de commencer, je tiens à m'excuser pour ce dérangement. Mon amour, cela fait déjà un mois que je n'arrive plus à suivre tes pas. Je ne te comprends plus du tout. Tu as commencé à ne plus venir chez moi, chose que j'ai comprise vu que ton temps ne te le permet pas. Enfin, c'est ce que je croyais. Mais cette fois-ci, ça ne te ressemble pas du tout. Tu ne réponds plus à mes messages, ni à mes appels. De surcroit, j'ai appris par tes parents tes sorties incessantes sous le prétexte que tu viens chez moi. Et si tu veux être honnête envers toi-même, cela fait depuis un bout de temps que tu n'as pas mis pied chez moi. Et la raison m'est jusqu'à présent inconnue. Je me suis toujours posé la question de que t'ai-je fait. Ce changement viendrait de toi ou moi. Quoi qu'il en soit, nul n'est infaillible et tu le sais bien. Je peux par inadvertance faire quelque chose que tu n'as pas aimé. Si tel est le cas, on est des humains et la discussion est toujours la meilleure des solutions. Et si cela ne viendrait que par ta propre initiative, je te comprendrai du moment où on peut s'égarer à un moment. Du reste, je te conseillerai vivement de revisiter cette endurance que nous avions faite jusqu'à présent. J'attends impatiemment ta réponse mon amour.

Ton chéri Luc, bisous !

Quand j'ai lancé le message, il m'a fallu le lendemain pour recevoir une réponse :

A Luc,

Bonjour ! Ne t'inquiète pas pour moi. J'ai bien lu ton message et je l'ai compris. Je regrette pour tout ce qui a pu bien se passer entre nous durant ses années. Mais tu sais quoi ? À un moment de la vie, nous faisons face à des situations qui ne nous laissent pas souvent le choix. Je le reconnais, tu as toujours été là pour moi et je t'en remercie énormément. Aujourd'hui, je suis à un niveau où je suis obligé de t'avouer quelque chose. A vrai dire, je t'ai aimé au début de notre relation. Mais à un moment, tu étais devenu agaçant et trop jaloux. Je n'arrive pas à supporter cela. En plus, nous ne sommes plus dans le même monde et tu l'aurais compris si tu étais allé loin à l'école. N'empêche, il faut désormais savoir que j'ai retrouvé l'homme pour qui mon cœur bat. Il s'appelle Bernard et nous sommes d'ailleurs promotionnaires. Ne dit-on pas que les oiseaux de mêmes plumages volent ensemble ? Je sais très bien que tu trouveras une fille de ton monde qui saura t'aimer tel que tu es. Ne m'en veux surtout pas. L'amour est une question de correspondance et de réciprocité. J'espère que tu me comprendras. Pour ce qui est de ce que tu as pu faire pour moi, je me débrouillerai te les rembourser si toute fois tu le souhaiterais. Merci encore à toi !

Ton Ex Rasma.

TILA, NOTRE PATRIE

Nous sommes dans les années 1979. Lors d'un exposé dont le thème s'articulait autour de la reconstitution de Tila, leur patrie bien aimée, une équipe d'Etudiants en fin de cycle histoire et archéologie de l'université de Tankoui, s'était donné la peine d'aller au-delà des livres qui traitaient déjà la question. Cela faisait déjà longtemps que l'histoire de la reconstitution de Tila en 1947 après sa suppression puis son partage entre les Etats voisins dans les années 1932 préoccupaient ces Etudiants. Ces derniers ne croyaient pas aux histoires dont les livres tentaient de leur relater par rapport à ce sujet. Pour eux, cela était un mystère qu'ils devraient découvrir vaille que vaille en tant que futurs diplômés en l'histoire. Et comme le disait un éminent journaliste de l'époque moderne, un peuple sans histoire est un peuple sans âme. Ainsi, pour soutenir cette assertion de ce fameux journaliste, ce groupe constitué d'une dizaine d'Etudiants dont faisait partie mon ami Zerbo, avait jugé capital de faire une rétrospection sur ce fait historique monumental que certains historiens jugeaient anodin à l'époque des années 1979. Pour ces Etudiants, c'est un des faits qui ont concouru aux fondements de l'histoire de la nation. Pour cela, ils auraient appris que des rois et des chefs traditionnels ont joué un rôle fondamental dans cette reconstitution. Mais ils sont déçus de remarquer que les noms de ces derniers sont peu parlés et leur contribution souvent mal racontée dans les manuels scolaires. Pour eux, l'histoire de Tila était trop récente pour se livrer à des falsifications ignominieuses.

Ces Etudiants voulaient faire une exception, ils voulaient surpasser ces manuels scolaires et apporter une vision claire et nouvelle, sans tâche telle que les faits se sont déroulés et non pas ce que des gens, pour une raison ou une autre, voulaient les faire croire. Ces Etudiants voulaient prouver qu'ils méritaient leur statut d'Etudiants en fin de cycle.

Pour cette raison, ils avaient déjà commencé par une fouille à la recherche des personnes ayants contribués à la reconstitution de Tila et qui pourraient être encore en vie après plus d'une trentaine d'années que les faits se soient déroulés. Ils sont heureusement tombés sur un vieux qui en savait trop sur ce fait. Le vieux Tambi, un des acteurs principaux qui avait côtoyé des rois et milité pour la reconstitution. Il était déjà oublié par les dirigeants de l'époque. Ce vieux avait combattu auprès de la puissance étrangère qui avait colonisé Tila. C'était à la fin de l'année 1917, juste un an avant la fin de cette guerre. Ce vieux avait toujours ses sens intacts malgré son vieil âge.

Le 12 juin 1979, ce groupe d'Etudiants dont faisait toujours partie mon frère sang Zerbo avait pris la voie de Toessin de bonne heure. Ils en avaient parlé au vieux Tambi qui leur avait donné le rendez-vous ce 12 juin. Toessin est un petit village situé à une cinquantaine de kilomètres de la capitale de Tila. C'est dans ce village situé en pleine brousse que ce vieux résidait depuis qu'il s'était retiré des mouvements contre la domination occidentale. Mouvements dans lesquels il avait occupé des postes de haut niveau. Il vivait dorénavant dans ce village avec sagesse et joie car sachant qu'il avait servi le peuple de Tila avec honneur, patriotisme et dévouement. Des hommes comme lui, il en existait mais rares. Ils étaient intrépides et toujours prêts à donner leur vie pour la nation s'il en valait la peine. En cette journée du 12 juin, les Etudiants furent contents de rencontrer cette figure emblématique de la lutte pour la reconstitution de Tila qui avait toujours sa langue facile. Pour mon ami Zerbo, le vieux n'avait pas une cervelle d'oiseau car il se souvenait des détails comme si c'était la veille que les évènements s'étaient déroulés. Ces Etudiants avaient vraiment soif de leur propre histoire ignorée et bafouée. Ils ne pouvaient pas se permettre de laisser une telle occasion leur rater. Ils arrivèrent chez le vieux Tambi à Toessin ce 12 juin 1979 vers les 11h. Après avoir été bien accueilli, le vieux Tambi leur laissa la parole.

— Bonjour encore sage ! le responsable du groupe mon ami Zerbo, la tête inclinée puis les autres l'imitèrent spontanément.
— Bonjour mes enfants et soyez les bienvenus à Toessin, dans mon village natal.
— Merci sage. Un des Etudiants dans la foule.
— Oh je vous en prie, vous n'avez pas à me remercier pour ça. Continua le vieux.

Après avoir pris quelques gorgés d'eau chacun, ils demandèrent d'après les familles respectives comme on le fait chez nous coutumièrement. Puis les Etudiants prirent la parole. Comme c'était mon ami Zerbo qui était le responsable de ce groupe, il lui revenait de présenter davantage leur équipe et le but de leur présence chez le vieux Tambi.

— Sage, nous vous remercions encore pour l'accueil chaleureux que vous nous avez témoigné. Ça nous fait vraiment plaisir de vous retrouver en pleine santé. Nous pouvons même parier que vous êtes plus jeune que votre âge.

On sentit un petit désordre au sein des Etudiants quand mon ami Zerbo eut dit que le vieux était plus jeune que son âge. Par la suite, les autres Etudiants et le vieux éclatèrent de rire. Puis continua mon ami Zerbo :

— Tout d'abord, nous vous prions de nous excuser pour ce dérangement. On aurait dû venir vous rendre visite bien avant aujourd'hui. Mais on avoue qu'on n'avait pas connaissance de votre existence. Pourtant, vous méritez le respect et la reconnaissance de toute cette nation.

— Non mes enfants, il ne faut pas vous en prendre pour cela. nous les vieux, on a toujours besoins de causer avec les jeunes comme vous. Malheureusement, vous n'avez jamais le temps pour nous. Mais on vous comprend bien aussi, c'est le nouveau monde qui demande cela. maintenant, quel bon vent vous amène chez moi ce matin ?

— Vous avez raison sage. C'est un monde où le chacun pour soi est la seule règle. Sinon que nous sommes des Etudiants de l'université de Tankoui. Nous sommes en fin de cycle dans la filière histoire et archéologie. Mon équipe et moi avons pour thème d'un exposé sur la reconstitution de l'Etat de Tila. Mais les informations que nos bouquins nous offrent ne nous permettent pas de bien situer cette question. Ces bouquins racontent superficiellement les faits et les transforment à la limite. C'est pourquoi nous n'accordons pas une importance à ces documents inventés par des gens pour des intérêts inavoués. Nous cherchions depuis un bon moment quelqu'un qui pourrait nous faire entendre l'histoire telle qu'elle s'est déroulée dans notre nation il y a, à peine 40 ans. C'est notamment la question de la reconstitution qui fait l'objet de notre présence ici aujourd'hui. Et Dieu faisant bien les choses, nous avons pris la connaissance de l'existence d'un vieux qui fut l'un des acteurs directs de cette reconstitution. Et nous voilà enfin devant ce vieux sage qui nous donne déjà l'espoir d'entendre ce que nous voulons entendre.

— Comme je l'avais déjà dit mes enfants, nous avons toujours besoin de causer avec les futurs dirigeants du pays que vous êtes. Cette visite me rassure qu'il y a des gens qui se soucient de ce pays comme moi. C'est l'occasion pour moi également de savoir que malgré qu'on se sente oublier par tous, il existe certains quelle que part qui reconnaissent notre part de responsabilité dans cette reconstitution. Votre visite me laisse croire qu'il y a ces jeunes qui ont soif de comprendre notre histoire récente et essayent de faire perpétuer nos exploits à travers le temps. Je voudrais saisir l'occasion si vous me le permettez, pour saluer la mémoire collective de mes collègues de lutte qui m'ont devancé dans l'au-delà. Que leurs âmes reposent en paix et que leurs exploits pour ce pays transcendent les intempéries des siècles et des siècles. Vous leur rendez hommage à chaque fois que vous parlez de leurs exploits. C'est vrai que mon âge est un peu avancé pour ne pas dire qu'il est très avancé. Avec le temps, il y a bien de choses que je pourrais oublier mais cela n'affecte en rien l'histoire telle qu'elle s'est déroulée car des moments pareils resteront à jamais en nous. Maintenant chers enfants, je voudrais savoir exactement ce que vous cherchez à comprendre de cette reconstitution. C'est un évènement très vaste car ce fut l'une des plus grandes et longues luttes que nous avons menées depuis lors.

- Comme nous l'avons au préalable dit, nous avons un exposé dont le thème s'intitule « la reconstitution de Tila ». Sur ce sujet, tout ce que vous apporterez comme information nous sera d'une importance capitale. Ces éventuelles informations nous permettront de bien agencer notre exposé avec la sincérité qui s'y est. Et comme nous l'avons déjà dit, nous préférons écouter un acteur vivant de cette reconstitution que de nous fier sur des documents qui nous racontent que des balivernes sur notre propre histoire. Nous profiterons de l'occasion rendre un grand hommage à toute l'équipe combattante de cette reconstitution. Ce sont eux qui nous ont permis d'être dignement dans cette nation qu'est la nôtre. Vous en êtes un, et vous mériter d'une reconnaissance et d'un respect de haut niveau. Comme le dit un adage, il faut connaitre d'où tu viens pour savoir où tu vas. Ne pas connaitre d'où l'on vient peut nous conduire dans une hypothétique destination. Donc vous êtes à présent notre seul recours pour nous relater honnêtement les faits authentiques et originaux de cette reconstitution.

— Merci encore mes fils pour cette confiance que vous avez placé en moi, un vieil octogénaire que certains avaient déjà oublié l'existence il y a très longtemps. Cette visite me donne l'envie de vivre encore avec satisfaction. J'ai passé des années dans ce trou à rat croyant que tout le monde m'avait oublié comme les dirigeants actuels de la nation.

Maintenant, sur la question de la reconstitution de Tila en 1947, je peux affirmer sans un air d'outrecuidance que j'ai contribué jusqu'à la limite de mes capacités à cette reconstitution. C'est vrai que vous n'étiez pas encore né à l'époque. Moi aussi avec l'âge que j'ai aujourd'hui, je ne peux plus sortir pour mener des luttes contre les maux de la société. Mais je pourrai me contenter de vous relater les faits que nous avons vécus à l'époque. J'ai beaucoup côtoyé des rois de l'époque qui étaient contre l'occupation de nos territoires par les forces étrangères.

J'étais connu à l'époque par le pseudonyme Tinguin-biiga. Sinon que mon nom à l'Etat civil est comme vous le constaté Tambi Timbissa. Je suis né en l'an 1900 quelques années après l'occupation de notre territoire par la force étrangère. Nous étions des bambins à l'époque. On ne se souciait de rien car on ne comprenait rien. On ne cessait jamais d'entendre les plaintes de nos parents face à cette occupation à longueur de journée. Ils ont résisté, beaucoup y ont laissé la vie. Le peuple de Tila avait des hommes courageux qui ont combattu vaillamment contre cette occupation jusqu'à leur dernier souffle. Mais ils ont échoué. Oui ! Pas parce qu'ils étaient des poltrons, mais parce que leurs adversaires avaient des armes sophistiquées à de très longues portées face à leurs armes à feu, leurs gourdins et bien d'autres armes archaïques. Ce qu'il faut savoir, c'est qu'ils ont résisté pendant des années. Cependant, face au massacre des populations par ces puissances étrangères, le peuple de Tila à un moment était obligé de désister. Ce qui explique l'occupation et l'installation de la puissance étrangère.

Ce qu'il faut en outre savoir, l'Etat de Tila n'était pas subdivisé en des régions, provinces ou communes. C'est la force étrangère qui nous a apporté ces subdivisions. Mais à l'époque, il était subdivisé en des royaumes et des cantons dirigés par des rois. Chaque royaume ou canton avait son roi et on avait à la fin un roi principal et central qui avait pouvoir sur les vassaux. Notre société d'antan était également organisée avec un système politique bien fiable. Mais vous les jeunes d'aujourd'hui, vous ignorez ces choses. Pour vous, vos ancêtres étaient nuls en matière de politique. Pourtant, ces derniers faisaient de la politique dans son sens propre, avec honnêteté.

Mes fils, en 1914 s'éclatait la première guerre mondiale. Je n'avais que 14 ans. Ce fut une guerre qui aura toujours ses gravures sur les pages de l'histoire de l'humanité. Elle a causé trop d'énormité, d'horreur, d'atrocité et de terreur. C'était une guerre d'opposition des forces étrangères. A la fin, on retrouvait deux groupes qui se faisaient face. La force étrangère qui nous avait colonisés faisait partie de l'un de ces groupes. C'est vrai qu'en ce moment, nous n'étions pas d'accord avec notre puissance colonisatrice mais un proverbe dit que quand les éléphants se battent, ce sont les faibles qui en pâtissent. Nos parents ont dû les accompagner dans cette guerre. Pour soutenir l'effort de la guerre au sein de cette force étrangère, nos parents volontaires et même d'autres personnes ayant l'âge adultes qui avaient été enlevé de force ont pris part à cette guerre. Cette guerre a pris fin en 1918 et a coûté beaucoup tant à notre territoire qu'à celui de la force étrangère. Une année après la fin de cette guerre, nous avons assisté la création de l'Etat de Tila dont le premier gouverneur fut un des soldats de la force étrangère.

Chers enfants, pour vous rafraichir un peu la mémoire, notre territoire n'était pas le seul à être occupé par cette même force étrangère. Il en existait bien d'autres. A l'époque, il existait deux types de territoires occupés par les puissances étrangères. Il y avait ces territoires dans lesquels la force exploitait les richesses et ceux dans lesquels elle exploitait la force de la population. On les appelait respectivement territoire d'exploitation et territoire de peuplement. Notre territoire était un territoire de peuplement dont la force étrangère exploitait la ressource humaine.

Mais dans les années 1932, la force étrangère a décidé de diviser l'Etat de Tila car celui-ci n'avait pas de ressource naturelle pour leur exploitation. Le territoire a donc été divisé puis partagé entre les Etats voisins dont Kougrin avait bénéficié la plus grande partie. Ce démantèlement avait pour objectif aussi de renforcer la main d'œuvre dans les territoires d'exploitation. J'avais 32 ans en son temps. J'étais majeur et je prenais même des décisions politiques auprès du Roi du Canton de Dianda en tant que son conseiller après mon retour de la guerre. J'avais été inscrit à l'école mais je ne suis pas allé loin. Mon père préférait que je reste à côté du roi pour comprendre le fonctionnement interne de nos royaumes. Puisque qu'il fut lui aussi conseiller.

Cette suppression m'a beaucoup révolté. Je n'étais pas le seul car tout le peuple de Tila était choqué par la situation. Beaucoup de ceux qui étaient allés étudier chez les puissances étrangères étaient farouchement contre. Ils se sont retournés pour soutenir les protestations déjà soulevées par la société traditionnelle. Dès lors, des mouvements de protestations furent créés. Ces mouvements réclamaient illico presto la reconstitution de Tila sans condition.

Mes enfants, la reconstitution de Tila n'a pas été aussi simple telle que vous pouvez le croire. Elle a nécessité un très long processus. Un processus bien jonché de difficultés. Il faut reconnaitre que les chefs traditionnels ont joué un rôle fondamental dans ce processus de reconstitution.

Maintenant, pour aller sur un fait que je pourrais juger capital et immédiat de ce processus de reconstitution, je vais vous amener à l'époque du roi Kansi. Comme je le disais tantôt, tous les royaumes réunis avaient un Roi central qui les contrôlait.

Le roi Kansi était le roi central à l'époque. Mais malgré la suppression de Tila, ces rois gouvernaient toujours les royaumes mais avec moins d'autorité que les années d'avant. La force étrangère a affaibli leur force de domination sur le peuple. C'était le colonisateur qui était le chef suprême. Ce qu'il faut retenir est que l'époque chaude de la reconstitution fut l'époque du roi Kansi.

Premièrement, ce que je pourrai vous dire est que cette suppression de Tila fut pitoyable. On a eu des nuits blanches. Pourquoi je dis cela ? Après la suppression de Tila, toute l'administration coloniale fut délocalisée dans d'autres Etats. Donc pour ceux qui avaient un mandat de 5000fcfa ou 10000fcfa, il fallait se rendre à Kougrin, l'Etat voisin où se trouvait désormais l'administration coloniale pour pouvoir avoir accès à ce mandat. Pour une précision, Kougrin comme vous le connaissez aujourd'hui était un territoire d'exploitation. C'est décevant de voir ce pays autrefois très riche, aujourd'hui dépouillé de toutes ses richesses. La puissance étrangère a puisé toutes ses richesses avant de l'accorder son hypothétique indépendance. Certes, une fois arrivé à Kougrin pour ce mandat à l'époque, il fallait continuer à la capitale car ce n'était pas dans n'importe quelle localité on pouvait retrouver l'administration coloniale. Mais comme la puissance ne voulait pas trop frustrer les populations colonisées, elle permettait les représentants de ces populations de s'exprimer. Les représentants des populations n'étaient que les rois et les chefs traditionnels. Pourtant, le roi Kansi ne comprenait pas trop de cette situation. Il a fallu l'intervention de ses conseillers pour qu'il prenne conscience de la dangerosité du démantèlement de Tila. Ces derniers ont donc suggéré le roi d'aller voir le ministre de colonie de la force étrangère qui devrait venir à Kougrin afin de l'expliquer les problèmes dans lesquels vivait le peuple de Tila démantelé. Comme Tila n'existait plus, tous ceux qui avaient des doléances rejoignaient Kougrin par l'intermédiaire de leur représentant car le ministre de la colonie se limitait toujours à Kougrin pour repartir aussitôt chez lui. Il passait des temps très courts en Afrique. Ceux qui travaillaient pour eux aussi ne pouvaient pas prendre des décisions par rapport à nos problèmes. Le ministre était donc la personne idéale pour écouter nos cris de cœur. Il était impératif pour le roi Kansi de s'y rendre. Nous attendions ce moment depuis un bon temps car nous n'avions pas qui nous adresser auparavant. On avait un monseigneur blanc accompagné d'autres messeigneurs noirs qui étaient également engagés dans cette lutte. Ces derniers vont donc soutenir l'idée selon laquelle le roi devait se rendre impérativement à Kougrin pour voir le ministre de la colonie. Et comme le monseigneur blanc y faisait partie, cela a apporté un poids à l'engament du roi. Pour lui, c'était rassurant de voir un blanc s'opposer à ce qu'avaient fait ses compatriotes au peuple de Tila.

Effectivement, le roi leur a écouté et appliqué ce qu'ils avaient suggéré. Il s'y est rendu. Personnellement en tant que conseiller, j'ai été choisi avec d'autres conseillers pour escorter le roi durant ce voyage.

Nous sommes quittés au royaume de Gonssin, que vous connaissez aujourd'hui, dans la matinée pour arriver au royaume de Pelbilin vers les 13H. Il faisait très chaud ce jour-là. Comme la route était encore longue, le roi a décidé de prendre une petite pause. Il a profité rendre visite à son petit frère qui était le roi du canton de Pelbilin. Une fois chez le roi de Pelbilin, le roi Kansi n'a pu retenir ses larmes. Et vous allez vous demandez pourquoi couler de larmes. C'est quand il a vu son petit frère tout fatigué et trimbalé par ses conseillers à sa rencontre. C'était devenu un squelette ambulant. Cette situation avait déjà attristé le roi Kansi. Ils se sont salués avec chacun de larmes aux yeux. On a passé quelques instants avec le roi de Pelbilin avant de reprendre notre chemin. Nous sommes arrivés au royaume de Zaktogo il faisait déjà nuit. Et c'est là que nous avions pris le train pour rejoindre la capitale de Kougrin.

Une fois à la capitale de Kougrin, nous avions fait trois jours sans contact avec le ministre de la colonie qui devrait se retourner bientôt. On craignait déjà que ce dernier ne reparte sans que nous puissions lui présenter nos doléances. Donc chaque jour que Dieu faisait, nous étions dans son lieu de travail du matin au soir. Mais les employés nous regardaient comme des objets d'arts sans nous adresser la parole. Puis le 4e jour, nous sommes allés rentrer dans le couloir des bureaux comme des fous. C'est dans ce couloir que j'ai vu passer un blanc qui travaillait dans un bureau à Tila. Ce dernier aussi nous avait reconnu par nos balafres. Il plaisantait avec nous en disant que nous avions les têtes de Tila. Je me suis bien approché de lui pour l'expliquer que nous étions là avec le roi pour voir le ministre de la colonie à propos de quelques soucis. Et que nous sommes là depuis trois jours mais nous ne l'avons pas encore rencontré. Le Blanc nous promit de rentrer voir le ministre sur le champ et nous revenir. Evidemment il l'a fait. Après avoir informé le ministre de notre présence, celui-ci a salué notre engament de quitter de si loin pour sa rencontre. Mais il était occupé ce jour-là. Il nous a donc programmés à la première heure le lendemain. Cette nouvelle nous a beaucoup réjoui car nous étions rassurés que nous verrons le ministre. Cette nuit-là, nous n'avons pas fermé l'œil.

Mais ce qui était très compliqué à l'époque, c'était le moyen de déplacement, surtout les véhicules. Même si vous arrivez à en louer un, le problème de carburant en est un autre. Mais je connaissais déjà un garagiste blanc qui fut à Tila. Je savais qu'avec lui, on pourrait avoir de l'essence. Nous sommes donc allés le voir qui nous promit

20L d'essence. On faisait tout cela parce que le train devrait bouger le lendemain à 7h. Pourtant, notre rencontre avec le ministre était prévue à partir de 6h. Et comme nous ne savions pas à quelle heure allait prendre fin cette rencontre avec le ministre, nous avions embarqué nos bagages dans le train. Comme on avait eu l'essence, nous avions demandé à Boanga un frère de Tila qui nous avait hébergé de nous trouver un véhicule pour que nous puissions rattraper le train une fois la rencontre finie. Il ne devrait pas être très loin car c'était le train à charbon qui n'avait pas une grande vitesse. On pouvait donc le rattraper à la deuxième ou à la troisième gare.

Le lendemain matin à 5h00, le roi était déjà au lieu de la rencontre. Nous l'avons rejoint vers les 5h30. Evidemment, l'heure du Blanc c'est vraiment celle du Blanc. A 6h00, il était déjà dans son bureau. C'est vers 6h30 qu'il fit appeler le roi. Comme on valait cinq, on ne pouvait pas tous rentrer dans le bureau. Le roi m'a donc choisi de le suivre dans le bureau du ministre pour être témoin de ce qu'ils auront à se dire. Une fois au bureau, je suis surpris du comportement du ministre à notre égard. Je croyais voir un Blanc arrogant qui allait se mettre à nous aboyer comme ses confrères sur les chantiers des travaux à longueur de journée. Mais c'était tout autre. Ce Blanc nous a salués comme nous l'aurions souhaité et il nous a même invités à nous asseoir sur les chaises qui étaient installées devant son bureau. Ce que nous n'avons jamais cru possible. Autrefois, nos parents s'asseyaient à même le sol pour pouvoir parler à un blanc. De l'autre côté se trouvait son interprète, un Blanc qui parlait déjà notre langue. Vous n'allez pas me croire mais c'est une réalité. Il fut médecin à Tila depuis sa création en 1919 jusqu'à sa suppression dans les années 1932. Ce dernier était donc en contact direct avec la population. Après les quelques salutations, le ministre donna la parole au roi :

— Monsieur le ministre, merci d'abord pour l'accueil que vous nous avez témoigné. Rare sont vos frères qui le font ici, surtout quand ils font face à un Noir. Vous nous avez montré que nous méritons aussi le respect. Maintenant, si nous sommes venus jusqu'ici pour vous rencontrer, c'est parce que nous avons des préoccupations et que la situation l'exige. On a fait ce long périple parce que nous sommes convaincus que vous êtes le seul à présent qui puisse nous écouter et transmettre notre message à qui de droit. Ainsi donc, ces préoccupations se résument à deux niveaux.

Le ministre nous a remercié pour cette confiance que nous avions placée en lui et invita le roi par son intermède à poser ses préoccupations.

— Ma première préoccupation est la suivante : Monsieur le ministre, récemment vous avez jugé notre territoire d'infructueux et vous l'avez supprimé et partagé entre ses territoires voisins. Cette subite dislocation cause beaucoup de soucis à nos populations. Actuellement, nos frères qui ont fait l'armée et autres services, et qui ont des mandats qu'ils doivent toucher sont obligés de venir ici pour en avoir accès. Comme vous le savez bien, la route est longue et il te faut une somme énorme pour le transport. De fois, ces derniers reviennent à la maison bredouille après ce périple. En vérité monsieur le ministre, le peuple de Tila souffre énormément, ils sont tous découragés de la situation. Mais nous n'avions personne qui puisse nous sauver de ce pétrin. Quand nous avions appris que le ministre de la colonie devrait venir, ça nous a donné beaucoup de l'espoir car nous savions maintenant qui nous adresser. On a saisi l'occasion, c'est pourquoi nous sommes devant vous ce matin.

Le ministre a encore salué la décision et a noté cette préoccupation. Sans débattre, il invita le roi à soulever l'autre préoccupation. Il avait l'air très serein quand il écoutait le roi. Je peux même dire qu'il avait de la compassion dans sa manière de voir la situation. Le roi allait soulever également un autre problème du moment. Il avait déjà soulevé une question importante mais une autre préoccupation le dérangeait. Il allait donc continuer sur un problème qui intéressait le peuple de Tila et les autres colonies.

— Ma deuxième préoccupation est la suivante : Dans la guerre de 1914-1918, j'ai poussé mon propre frère à se proposer volontaire pour lutter contre d'autres forces étrangères auprès de votre armée. Mon frère a respecté ma proposition sans discuter. Il n'est pas le seul car beaucoup de territoires dont vous coiffez aujourd'hui ont envoyé leurs bras valides pour vous soutenir. Vous avez obligé aussi d'autres à participer à cette guerre. Le peuple resté dans les territoires travaillait dur pour nourrir vos soldats étant donné que vos terrains étaient devenus des champs de bataille. Le peuple colonisé a montré ses preuves de collaboration à votre égard. La majorité des soldats de nos territoires sont tombés dans vos champs de bataille. Nos territoires ont beaucoup perdu. Ils avaient déjà perdu à jamais des bras valides après l'histoire sombre de 400 ans d'esclavage et la première guerre, des histoires que vous et nous connaissons bien. Nos territoires ont trop souffert de votre présence et le sont toujours. Malgré cela, ces territoires meurtris sont toujours prêts à vous accompagner dans vos moments difficiles. Mais en retour, nos peuples reçoivent des exactions du colonisateur du matin au soir. Ils sont traités comme des bons à rien dans leurs propres territoires.

Monsieur le ministre, si j'évoque tout cela, ce n'est pas parce que je garde des rancunes contre vous pour ces histoires. Si ces cas ont pu arriver, nous pouvons dire que l'homme Blanc agissait dans la bestialité sans vouloir vous offenser. Mais avec cette nouvelle génération, il est de nos devoirs de corriger ces erreurs du passé pour éviter une catastrophe apocalyptique à l'échelle mondiale entre les races dans un avenir très proche. Ce que vous et nous ne souhaitons pas.

Maintenant monsieur le ministre, le problème actuel est que, quand mon frère est revenu de la guerre, vous ne l'aviez rien donné en guise de remerciement. Tout ce que vous avez eu à faire, c'est de lui dire merci. Pourtant, quand il est revenu, pour son dévouement et pour avoir accepté ma proposition, je lui ai confié la gestion d'un canton en guise de reconnaissance de son courage. C'est notre manière de remercier les héros chez nous. Mais actuellement que je vous parle, je peux vous dire que j'ai coulé de larmes quand je venais ici pour vous rencontrer. J'ai fait une escale chez mon frère avant de continuer ici. Je peux vous assurer qu'il ne ressemble plus à un être humain. Il souffre énormément. Je ne croyais pas que j'allais être la cause de la souffrance de mon frère aujourd'hui. Il est hanté par les horreurs de la guerre, il a même été incarcéré avant d'être libéré quelques mois après qu'il soit revenu sous prétexte qu'il avait détourné l'argent des impôts. Je n'ai rien compris dans tout cela. Donc monsieur le ministre, si c'est votre façon de me remercier pour avoir incité mon frère à risquer sa vie pour sauver votre nation, je peux jurer sur nos ancêtres que le peuple est déçu de vous. Il est déçu de votre présence sur nos territoires.

Après ces derniers propos du roi Kansi, le ministre a appelé sur le champ un de ses collaborateurs pour l'informer de dire au gouverneur de Kougrin de trouver des gens pour qu'ils se rendent à Pelbilin afin d'amener le frère du roi Kansi à l'hôpital de la capitale de Tila. Chose qui a été exécutée bien évidemment avant notre retour.

Notre voyage n'a pas été vain car un mois après notre retour de Kougrin, un blanc a été affecté à Tila en tant qu'administrateur supérieur. C'est ce dernier qui va venir alléger la situation qui prévalait à Tila. Ainsi fut le début du processus final de la reconstitution.

C'est vrai que ce que je vais vous dire maintenant n'a rien avoir avec ce que vous posez comme question. Mais je trouve important de vous le dire. Ce qu'il faut noter est que le roi Kansi est un roi dont son nom doit se perpétuer malgré les sècheresses de l'histoire de notre nation. Il n'avait pas fait des études. Mais il a joué un rôle important pour la vie moderne de notre nation. Il a combattu pour l'arrivée effective du chemin de fer dans la capitale de Tila. Il s'est donné pour la cause jusqu'à sa mort. Il voulait l'allonger jusqu'à la capitale car celui-ci s'était limité à Zaktogo. Malheureusement, le roi Kansi est décédé sans que le chemin de fer ne parvienne à la capitale. Les explications que donnait le groupe qui dirigeait cette société ferroviaire étaient la guerre. Effectivement nous étions en pleine seconde guerre mondiale. Ces derniers justifiaient le fait qu'ils ne pouvaient pas allonger le chemin du fait du manque énorme de matériaux de construction. Mais ce qu'il faut noter, c'est que, si à la fin, le chemin de fer a pu atteindre la capitale, c'est le roi Kansi que nous devons un grand hommage car c'est lui qui a entamé le processus. Il a posé les premières pierres. Au début, il faisait travailler la population manuellement pour allonger ce chemin de fer. Pour lui, si on était capable de risquer la vie pour la force étrangère, on peut mourir aussi pour le bien être de notre territoire car c'est ainsi que nos arrières grands-parents ont fait pour que nous puissions profiter de ce territoire aujourd'hui. Nous devons donc le préserver au prix de nos vies pour des générations et des générations à venir. Il a fait de son mieux mais le chemin de fer n'est jamais arrivé à la capitale à son vivant. Mais grâce à son engagement, nous profitons de ce chemin de fer aujourd'hui.

Mes enfants, je peux sans doute vous dire que quelqu'un qui se souciait de son peuple, qui avait pitié de son peuple et quelqu'un qui est mort pour son peuple est le roi Kansi. Il vit parmi les morts. Nous qui avons eu la chance de le côtoyer et qui avons vu comment il se débattait pour le bien-être du peuple de Tila et au-delà lui devons quel que soit l'endroit où nous nous trouvons, même après notre mort, notre ultime respect. Il le mérite et le méritera pour toujours pour ceux qui ont soif de découvrir la vraie histoire de Tila.

Nous lui devons ce respect car il a mené une bataille héroïque et utile pour le peuple de Tila. Vous le savez déjà que la pénétration de la force étrangère dans nos territoires a confronté des résistances sanglantes et d'énormes difficultés. Beaucoup de ses prédécesseurs ont combattu contre cette pénétration de la force étrangère dans ce territoire. Certains sont morts sur le champ de bataille contre le Blanc. Le roi Kansi à l'instar de ces derniers a continué ce combat familial et territorial jusqu'à son dernier jour. Même si toute sa volonté n'est pas réalisée pendant qu'il vivait, nous pouvons l'affirmer haut et fort aujourd'hui qu'il a eu à quelque part gain de cause. Son âme et celles de ses prédécesseurs reposeront à jamais en paix.

Comme je le disais, ce fut un moment de longue tempête, l'époque du roi Kansi. Ce n'est pas comme les jeunes d'aujourd'hui qui passent tout leur temps à se leurrer sur l'histoire de ce territoire. Ils sont assis tranquillement comme des crapauds croyant que le salut de ce peuple est venu du ciel. Non ! Des gens y ont laissé la vie. Cette génération sans vouloir l'offenser est une génération individualiste, une génération de chacun pour soi. Pour tout dire, c'est une génération de tintin pour la nation. La nation elle-même a honte de cette jeunesse qui ne pense qu'à ses poches. Avec des visions pareilles, une nation est la merci de la ruine. Avant, le fait d'appartenir à un territoire signifie que tu es fait pour mourir à sa cause. Aujourd'hui, nous voyons des gens qui déclenchent des guerres dans leurs propres territoires. Ces derniers vont le faire et quitter le pays. Pendant ce temps, c'est le peuple ignorant qui s'entretue et s'égorge à longueur de journée. Quand ils auront fini de massacrer la population, ces attiseurs du feu reviendront condamner le reste. C'est la vie d'aujourd'hui qui est là chers enfants. Il faut que vous soyez très vigilants. Ne vous laissez jamais obnubiler par ces esprits ténébreux pour quoi que ce soit. Il faut cultiver le patriotisme et l'amour d'autrui au sein de son entourage. Nous devons montrer aux autres peuples la rigueur avec laquelle nous protégeons notre nation. Il faut qu'ils sachent que pour notre nation, nous payerons jusqu'au dernier fils. C'est le plus important. Mais cela ne se fait pas à travers la violence, l'arrogance et la corruption sous toutes ses formes. La sérénité dans tout ce que nous faisons pour la nation, la discipline professionnelle, la cohésion sociale, le gout de la performance politique et économique sont les conditions morales de toute nation qui aspire une stabilité en son sein.

Comme je vous le disais, j'ai côtoyé le roi Kansi pendant des années. Je connais l'essentiel sur cet homme. Et si y a un rêve que je souhaite pour mes enfants, c'est d'être comme leur grand-père car celui-ci m'a beaucoup aidé lors de mon mariage. Je ne peux en aucun cas l'oublier. Si je parle ainsi, ce n'est pas à cause de ce qu'il a pu faire pour moi. Loin de là, je ne suis pas non plus en train de lui lancer des fleurs. Mais tous ceux qui l'ont côtoyé pourraient le confirmer.

Après le roi Kansi, son fils le roi Yimbo a assuré la relève. Il est mort en tant que digne fils de son père. Il a continué le combat de son père. Il était comme son père, contre la suppression de Tila. Tel père, tel fils. Pour le peuple à l'époque, il était la réincarnation parfaite de son père. Ainsi, le peuple lui était dévoué. Sous son règne verra la reconstitution effective de l'Etat de Tila et le prolongement du chemin de fer jusqu'à la capitale.

Ceci est un fait personnel que je vais vous raconter. A l'époque, je faisais la navette entre Kougrin et Tila pour des raisons politiques. Une fois, j'ai été appelé urgemment à Kougrin. Il était dit qu'un de Tila qui résidait à Kougrin avait tué un de ses rivaux qui sortaient avec sa femme. Ce dernier l'avait surpris avec sa femme sur leur lit conjugal. Il a donc tranché la gorge de ce dernier à coup de machette sans hésiter. Pour cela, il avait été arrêté pour homicide et incarcéré en attendant qu'un procès soit ouvert. On l'avait donc demandé d'envoyer un avocat pour sa défense. Mais à l'époque, les avocats ne se trouvaient pas partout comme aujourd'hui. Il n'y avait pas d'ailleurs d'avocat noir comme ils sont plein de nos jours. J'ai fait encore un mois à Kougrin, mais je suis toujours pris chaque fois quand j'arrivais à Kougrin. Les ressortissants de Tila qui travaillaient là-bas n'arrêtaient pas de se plaindre de leur condition de vie et de travail à Kougrin. Ce n'était pas du tout simple.

Ah mes enfants ! Votre grand-père est fatigué. Si vous pouvez me permettre de me reposer, ça va beaucoup me faire plaisir. Vous reviendrez si le temps vous le permet pour la suite de l'histoire de cette reconstitution, son aboutissement total, sa signature et les accords signés avec la force étrangère. Je préfère vous raconter les faits tels que je les ai vécus mais avec la fatigue, je risque de mélanger les pédales. Donc vous allez beaucoup m'excuser. Je sais que la distance est un peu longue mais si vous y tenez réellement, la distance n'est rien.

Pourtant, le vieux Tambi avait soulevé un problème qui n'avait pas eu de suite pour les Etudiants. Donc à un des Etudiants de s'excuser pour prendre la parole.

— Sage, nous sommes déjà très contents pour les détails du processus de cette reconstitution que vous avez eu à aborder. Nous pouvons sans complexe aucun vous dire que tout cela nous était inconnu. On a fait toute l'histoire de ce pays sans aborder l'essentiel, sans parler de la vérité. On nous a raconté des faits imaginaires, des contes. Si vous me permettez monsieur Timbissa, vous avez parlé d'un fait qui nous intéresse mais il n'a pas eu de suite. L'histoire de ce fameux homme qui avait tué son rival. On voulait savoir la suite des évènements pour cet homme, cet assassin.
— Vous allez beaucoup m'excuser chers enfants. J'avais déjà avalé cela avec la fatigue. Mais je vais vous dire comment cela s'est terminé. Vous avez déjà traité cet homme d'assassin. Ce qui n'était pas accepté à l'époque dans nos sociétés face à une telle situation. Cet homme a été relâché. Quand on l'avait arrêté, on l'avait dit d'amener un avocat. Et comme j'étais fréquent à Kougrin et je résolvais certains problèmes de ces ressortissants, ce dernier avait dit que c'était moi son avocat. Et comme vous le savez bien, je ne suis pas avocat. Je n'avais jamais fait le droit. Mais si les faits s'étaient effectivement déroulés comme on me l'avait dit, je n'avais pas besoin d'être avocat pour défendre mon frère.

Pour ma première intervention devant le juge, je n'ai pas eu à trop parler. J'ai tout simplement dit : Monsieur le juge, cet homme que vous voyez devant vous n'est pas tel que vous le croyez. Cet homme n'a pas agi ainsi par plaisir, ni par vengeance. Il aurait pu chasser seulement la femme. Mais pourquoi il a tué cet homme qui mérite encore, à mon avis une peine après sa mort ? Mon client ici présent a préféré sa souffrance physique en prison que de déshonorer sa culture, sa tradition. C'est un fait abominable chez nous, couché avec la femme d'autrui, de surcroit sur le lit conjugal de celui-ci. Je ne sais pas si cet acte est accepté chez vous. Sinon, cet homme a mérité la mort car chez nous, c'est la règle quand on commet un tel acte. Je ne suis donc pas le seul qui peut le témoigner. Beaucoup de ceux qui sont ici et qui respectent les mœurs de nos sociétés peuvent en témoigner. Et comme je le disais tantôt monsieur le juge, je ne suis pas un avocat. Mais je crois juste et légal de défendre un frère qui a appliqué une règle qui mérite d'être appliquée si les faits sont avérés. Et comme vous êtes d'accord avec moi que ce monsieur qui est mort sortait avec sa femme, la preuve est tangible d'ailleurs car vous avez découvert le corps chez mon client et son ex-femme (celle-ci n'est plus sa femme du fait de coucher avec un autre homme après son mariage) l'a bien témoigné. Maintenant, la décision vous revient entièrement. Et je vous assure que je ne contesterai aucunement une quelconque décision que vous prendrez, je n'ai d'ailleurs ni le pouvoir contre, ni le droit. Si mon client venait à être condamné, il passerait son séjour en prison avec la conscience tranquille d'avoir honoré nos mœurs. Sur ce, je vous remercie monsieur le juge.

J'ai terminé mes propos avec les acclamations de toutes ces personnes qui étaient présentes dans la salle. C'est là que le juge m'a dit que je pouvais repartir avec mon frère en attendant qu'une enquête soit ouverte pour vérifier la véracité de cette règle sociale appliquée chez nous depuis belle lurette. Il dit que si cela venait d'être confirmé, ils trouveront désormais une solution pour punir les éventuels cas à l'avenir. Je savais que la libération de mon frère n'était pas provisoire car nul ne pouvait dire le contraire par rapport à l'application de cette règle depuis longtemps chez nous.

CES GENS-LA

Tout avait commencé une après minuit. C'était inhabituel dans notre village situé à l'extrême Nord du pays. Tout a commencé par un bruit. Ce bruit de la mort. J'étais revenu il y avait à peine une semaine. On était en chômage technique. Disons qu'on était plutôt en grève. Ah les Etudiants ! Les grèves à n'en point finir. Mais comme j'en avais assez de se faire gazer par les forces de l'ordre, j'ai profité rentrer au village pour voir la famille. J'avais quitté le village depuis plus de quatre mois. Les parents se plaignaient pour cette longue absence. Et je cherchais une opportunité pour les rendre visite. Cette grève était l'occasion idéale. Une grève de 96 heures. Cela me suffisait largement pour rendre visite aux parents, tantes, frères et amis d'enfance au village.

Mais cette année-là, les Etudiants n'étaient pas les seuls dans les rues. Toutes les couches sociales se soulevaient. Rien n'allait du tout dans le pays. L'insécurité avait atteint son apogée. Les nouvelles nécrologiques circulaient chaque jour à travers les médias. Les réseaux sociaux étaient devenus des cimetières des nouvelles lugubres. On dormait et on se réveillait avec des larmes aux yeux. D'une part, on avait soit des gendarmes qui sont allés monter sur une mine avec leur pick-up qui les a tous pulvérisés, soit des Etudiants sont morts suite à l'écroulement d'un amphithéâtre mal construit, ou encore des commerçants qui se faisaient mortellement braquer par des voyous qui profitaient de la situation sécuritaire défaillante. D'autre part, la population se plaignait de la vie chère. En effet, l'inflation était très remarquable, les prix des articles avaient augmenté de 50%. Pour une population qui vivait déjà dans la misère, le message pour que ces autorités prennent leurs responsabilités c'était la descente de cette population dans les rues.

Cette nuit-là, ce fut la première nuit de mon arrivé au village. Après avoir bien causé avec la famille qui était enthousiasmée et très satisfaite de ma visite. Il était minuit passée et tout le monde s'était retrouvé dans les bras de Morphée. Ils se reposaient paisiblement après une longue et lourde journée de labeur. J'avais pitié de ces villageois. Ils vivaient modestement et n'avaient pas de problème avec qui que ce soit. Tout ce qui les préoccupait, c'était d'être en bonne santé et avoir à manger. Le reste leur importait peu.

Je me souviens de ce bruit dans cette nuit noire. Mon village délaissé par les autorités depuis longtemps vivait dans la quiétude malgré les quelques soucis quotidiens. Mais cette nuit, j'ai entendu ce bruit, un bruit que je n'avais jamais entendu. Même si je l'avais déjà entendu, ce sont les rares moments où je me retrouvais devant un écran qui projetait des fictions. Le bruit des armes. Je le croyais en rêve mais c'était plus plausible dans mes oreilles que je me suis réveillé aussitôt. Déjà Etudiant en première année d'anthropologie à l'époque, j'étais majeur pour me souvenir de tout ce qui s'est passé cette nuit-là. J'avais senti le danger de loin à travers ces coups de fusil qui retentissaient à quelques encablures de notre maison. C'était ces gens cette nuit-là, ils étaient bien là, à nos portes. On ne croyait pas en leur existence. Nous entendions parler à la télé et à la radio de ces derniers. Mais nous prenions cela comme des sciences fictions. Oui ! On apprenait à la radio qu'un tel village avait été attaqué par ces gens-là. Mais qui étaient-ils ? Bien sûr que si on le savait, ils seront réduits en un rien de temps par nos forces de l'ordre. Mais ces gens agissaient dans le noir, ils ne revendiquaient quoi que ce soit. Tout ce qu'on savait d'eux, c'était la force invisible, la force du mal. Ils semaient la terreur sur tout leur passage. Ils laissaient derrière eux le désert, le sang, le feu et de la cendre. Ils anéantissaient des villages entiers.

Mais qu'avait fait mon village pour mériter un tel sort ? La chose que nous croyions fictive était déjà là. Cette fois-ci, ce n'était pas aux médias de m'en informer car j'étais le témoin oculaire de ce carnage. J'ai vu mon village s'écrouler cette nuit-là sous mes yeux. Ça m'a fait rappeler les horreurs du passé que notre professeur d'histoire nous racontait. Il y avait entre autres l'extermination juive, ces derniers étaient grillés dans les fours crématoires, asphyxiés dans les chambres à gaz ; les bombes atomiques lancées sur Nagasaki et Hiroshima dans la seconde guerre mondiale. Ces bombes ont ravagé des femmes, des enfants et des vieillards et continuent de se répercuter sur la génération actuelle. Pourquoi l'homme en est arrivé à là ? Pour satisfaire son égo démesuré, ses caprices sadiques. Nous ne pouvons pas oublier la guerre de Vietnam dans les années 1972 avec la bombe aux napalms que les Américains avaient largué sur un village soi-disant qu'ils s'étaient trompés. Ils disaient à l'époque que ce village n'était pas leur cible, mais que cela était arrivé par erreur. Mais rien ne justifie le fait de se tromper aussi facilement pour jouer avec la vie des milliers de personnes. Cette bombe a anéanti un village qui vivait dans la quiétude. Les populations de ce village n'avaient rien à voir avec cette guerre qui les a coûtés aussi cher que le prix des centaines de lingot d'or. Oui ! Cette histoire m'a beaucoup horrifié. J'avais beaucoup lu sur des histoires horribles, mais celle-là m'avait beaucoup marqué. Elle me traumatisait à chaque fois quand je pensais au témoignage de cette petite fille de 9 ans à l'époque, Kim Phuc, qui a survécu miraculeusement à cette flamme dans laquelle elle se retrouvait : « On dirait que ma peau brûle, qu'elle se détache, qu'elle part aux lambeaux, comme mes vêtements calcinés qui sont tombés d'eux-mêmes. Je me frotte le bras gauche, ça colle, c'est pire. Ma main droite est difforme. Je vais être affreuse ! Je ne serai plus normale. Je ne vois que de la fumée. Il faut que je sorte du feu ! Je cours, je cours le plus vite possible. Mes pieds ne sont pas brulés. J'ai de la chance. Plus vite. Il faut réussir à fuir. Je crois que je dépasse le feu, la fumée s'éclaircit. Je distingue des silhouettes. Je ne suis plus toute seule. Il y a du bruit, des cris, des pleurs. Je cours encore plus vite. Tout le monde court d'ailleurs, les soldats, mon petit frère Phuoc à droite, mes deux cousins à gauche. Et puis Pam, mon grand frère, qui m'a vu, qui s'affole, qui crie ''Aidez ma sœur ! Aidez ma sœur !'' Il a compris que je brûle. Et moi, je hurle : nong qua ! Trop chaud ! ». C'est très horrible, cette petite fille innocente qui s'est retrouvée dans une telle situation pour des raisons qui m'importent peu. Le plus déplorable, ce sont les résultats de cette explosion : la terreur, rien que la terreur. Cette histoire m'a beaucoup peiné ! Elle m'a beaucoup peiné car les clichés de ces enfants en fuite pris à l'époque en disent tout, ces clichés me tourmentent et heurtent les consciences. Toute l'horreur de ce bombardement funeste que les commanditaires tentassent de bourrer les crânes de la population avec des justifications perfides et fallacieuses reste une page sombre de l'histoire. J'ai longtemps cogité sur cette situation. Mais je finissais par me calmer en me disant que l'homme n'avait pas encore atteint un niveau humain à cette époque, il agissait toujours dans la bestialité, c'était l'abruti de tous les animaux féroces qui agissait de façon barbare. Cela devrait être scandaleux pour l'homme de l'époque dite moderne et civilisée. Mais je faisais fausse route à ce sujet, l'homme devient de plus en plus animal avec le temps. Il dévore avec délice son semblable sans se soucier de leur ressemblance.

Cette nuit-là, j'ai vécu l'histoire de Kim Phu. Sauf que ma personne physique ne souffrait pas comme elle, mais je ne me sentais plus humain. Je me débattais avec ce petit poulailler qui m'avait servi de refuge. J'ai vu la mort coltiner des familles entières. Sous ses pieds éclaboussait la terreur. Oui ! Des familles entières exterminées. On les alignait pour les arroser des balles comme des lapins. Des gens criaient mais cela donnait une certaine insufflation à ces gens-là. De ce poulailler, j'ai entendu le vieux Batanga qui avait tenté le dialogue sur le champ de carnage, le nouveau charnier que ces gens ont créé cette nuit. Ce vieil octogénaire parlait avec un ton d'affliction et de consternation.

— S'il vous plait, dites-nous ce que vous voulez. Nous n'avons rien fait. Et même si on avait fait quelque chose de grave sans nous en rendre compte, la communication est la solution. Nous ne vous connaissons pas. C'est quoi nous avons pu faire pour mériter cela ? Nous

Ce vieux n'avait pas encore terminé ses propos quand j'ai entendu la rafale qui le fit taire. Ceux-là, je ne croyais pas qu'ils étaient aussi des êtres humains. C'étaient des gens dépourvus de cerveaux, ils étaient possédés par le diable en personne. Aucune chaleur humaine. Oui ! Je peux le parier. Plus ils tuaient, plus ils criaient de victoire. Ils criaient très fort et j'ai senti ce plaisir qu'ils éprouvaient dans leurs cris. J'étais là dans ce poulailler, coincé entre quelques briques. La respiration était pénible. Puis après j'ai entendu un autre vieux, Tiwiougou qui tentait de reprendre l'initiative de Batanga.

— Nous acceptons de mourir sans connaitre la raison. Mais s'il vous plait, épargnez nos femmes et nos enfants. Si ce village vous aurait froissé, ils n'y sont pour rien. C'est nous, les hommes, qui subiront cela. Pour l'amour du ciel, épargnez-les, acceptez ma proposition, vous pouvez commencer par me…

Encore coupé dans ses paroles comme Batanga avec la même rafale. C'est là qu'ils avaient commencé à massacrer tous ceux qu'ils avaient rassemblé. Les femmes, les enfants, les jeunes et les vieilles qui venaient d'être dépouillés de leur sommeil par ces gens, criaient pour leur dernière visite sur cette terre. En moins de quelques minutes, le silence revint. Il ne restait plus que les cliquetis des armes comme signe de victoire. Oui ! Le silence de la mort. Nul ne criait encore sauf les ricanements concupiscents de ces gens-là. Mon village était là sans défense. J'ai assisté à son extermination sans lever une aile. En tant que spectateur, de ce poulailler, j'entendais leur bruit désordonné et dissolu entre eux, je leur observais à travers un petit trou qui s'y trouvait. J'ai tout assisté sans la moindre résistance et insubordination. Tous ces jeunes sur qui le village comptait pour sa défense face à ces éventuelles attaques étaient déjà couverts de sang, sans vie comme les autres. D'autres avaient même été égorgés avant les rafales. Cette décimation a été bien préparée à l'avance. Il m'arrivait de fois dans ce poulailler, l'idée de sortir venger mon village car il devrait être en train de compter sur moi. Mais j'oubliais que j'aurais tenté de venger un village fantôme qui n'avait plus d'habitants. Ils étaient tous partis, sauf moi. Même s'il en existait d'autres que je devrais sauver, comment j'allais m'y prendre ? Je n'avais pas d'arme. Je n'en avais jamais touché, je ne savais pas d'ailleurs comment la manier même si je l'aurais eu cette nuit-là. Sortir donc c'était me jeter directement dans la gueule du loup. Je restai là à fluer silencieusement de larmes. A l'intérieur de moi dévorait la furie. Pourquoi ne pas sortir se faire tuer comme les autres au lieu de rester là sachant que je souffrirai le restant de ma vie, me disais de temps en temps. Mais cette témérité ne tardait pas à repartir.

De fois, la trouille me quittait mais je me sentais esseulé dans ce poulailler. Les quelques poulets qui s'y trouvaient me reluquaient dans le noir sans crier, ni battre des ailes. On dirait qu'ils avaient parfaitement compris la situation. Mais ce courage, cette hardiesse aussi grande que je ne peux l'imaginer qui naissait en moi repartait aussitôt quand j'entendais les cliquetis de leurs armes. Mon père n'avait jamais été lâche de toute sa vie. C'est lui qui m'avait appris de ne jamais avoir peur face à n'importe laquelle situation. J'avais du mal à croire que ce dernier venait d'être descendu par ces balles assassines. Quand je pensais à ça, j'avais envie d'avoir une force mystique, me transformer en fauve ou en un lion enragé et sortir dévorer ces sauvages tout crus jusqu'au dernier. La rage m'envahissait peu à peu. Elle me pulvérisait, elle m'effritait encore et encore.

Mais j'étais toujours dans ce poulailler qu'un de mes petits frères avait échafaudé pour abriter ses quelques poulets. Notre village avait toujours su se défendre face à des situations, la famine, les voleurs-braqueurs, les maladies, etc. Mais cette fois-ci, ils étaient pris au dépourvu. Ça dépassait mon niveau. Tout le monde est dépouillé de son sommeil puis fusillé ou égorgé avec des couteaux souvent moins tranchants. Beaucoup ont dû atrocement souffrir avant de mourir. Je n'avais jamais vu autant de corps sans vie d'animaux sauvages, de surcroit ceux d'êtres humains. Pendant ce temps, la flamme intense des maisons qui consumaient envahissait tout le village et infestait les arbustes aux alentours. Après cette flamme mortifère naissait une fumée avec le parfum de la mort. Comme je le disais, plus ces gens tuaient, plus ils avaient le sentiment d'avoir accompli un des dix commandements de Dieu. La joie remontait toujours en leur sein. Ils chantaient, ils dansaient et ils fumaient. Toujours accroupi dans ce poulailler, j'observais les détails de leurs mouvements à travers ce trou de la petite porte qui servait de fermeture de ce poulailler. Ma présence dans ce poulailler ne pouvait pas être remarquée car ce poulailler n'avait rien d'extraordinaire. Sur le toit de ce poulailler se trouvait de la paille que ces gens se servaient pour incendier les maisons et calciner les corps. J'étais sous ce poulailler qu'ils ignoraient la présence. Ils venaient et repartaient aussitôt.

Je me suis retrouvé dans ce petit poulailler salvateur parce que j'avais senti le danger en premier. Quand j'entendis le premier bruit, ce bruit qui m'avait réveillé, je suis sorti pour savoir ce qui se passait. Dès que j'ai franchi la porte, j'ai vu cet homme. Oui ! Je l'avais vu brandir son kalachnikov à quelques mètres de notre maison. Il m'avait donné le dos. A quelques mètres de ce dernier se trouvait une horde toute armée. C'est alors que l'homme que j'avais vu se retourna vers moi. Il avait le visage couvert et avait la forme d'une libellule, de la fumée s'échappait de ses narines de chimpanzé. Il avait une démarche de la mort et semblait commander les autres. Tout le village se trouvait dans un sommeil profond. J'ai failli crier mais cet homme m'aurait vu. Je pouvais me faire tirer dessus si je tentais de me retourner dans la case. La seule issue c'était de me débrouiller pour me cacher dans ce poulailler qui se trouvait juste à ma gauche, à côté de la sortie principale de la maison.

Ils avaient déjà vidé toute notre maison comme les autres. Il n'y avait personne encore. Ce village était devenu un enfer où les diables étaient en train de festoyer. Ils croyaient tout éliminer. Pourtant il en restait un, moi. Je voulais m'éloigner de ce cimetière qu'est devenu le village. Je n'en pouvais plus, je devrais être le seul en vie dans les lieux à l'exception de leur groupuscule. La foule était rassemblée à une vingtaine de mètres de là où je m'embusquais. C'était très compliqué pour moi de m'enfuir. Mais il fallait que j'essaye. Pour tenter de me sauver, je me suis dégagé lentement du poulailler. J'ai ouvert lentement cette petite porte, une fois la tête dehors et le corps en position de crocodile qui me suivait tout doucement, j'ai jeté un coup d'œil à gauche et à droite. La tête tel un vieux ventilateur tournait lourdement. Une seconde fois je tournai la tête en direction des buissons. Mais il ne fallait pas. Ils avaient des gardes partout qui avaient encerclé le village. C'était bien préparé et nul n'allait les échapper. Ils étaient venus avec l'intention de conjuguer le village au passé. Avec ce que j'avais vu, je me suis vite retourné dans ma cachette. Une poule avait commencé à se plaindre, je cassai aussitôt son cou et les quelques-uns restants me regardaient toujours comme s'ils me suppliaient de leur pardonner. J'avais l'intention d'aller négocier avec un des gardes pour filer. Je me disais que les méchants étaient ceux qui étaient en train de crier victoire de l'autre côté. Mais je me suis vite rappeler que ces gens sont dévoués à leurs chefs, ils n'allaient tolérer aucune négociation. J'ai vu le cas de Batanga et de Tiwiougou. Laisser quelqu'un s'échapper c'était commettre une erreur impardonnable qui mérite la peine capitale chez eux. Je me suis donc retourné dans mon trou pour chercher d'autres solutions puisqu'ils semblaient ne plus vouloir repartir chez eux. Le village leur appartenait désormais.

Encore dans ce poulailler, j'entendis de nouveau ce bruit qui m'avait réveillé. J'ai mis encore les yeux sur le trou pour voir ce qui se passait. A ma grande surprise, je voyais deux personnes détachées de la foule à ma direction. Mais que viennent-ils chercher vers là ? M'ont-ils vu ? Je mourais de trouille. Ils s'approchèrent et s'approchèrent encore. Ils riaient à vive voix. Je reconnaissais l'autre, celui que j'avais vu en premier qui brandissait l'arme quand je suis sorti de la case. Finalement ils étaient nez à nez avec le poulailler et c'est là qu'ils s'immobilisèrent. L'autre avait le pied qui avait bloqué la porte du poulailler. Il a même fermé mon trou avec ce pied. Je les entendais parler juste au-dessus de moi. J'étais en dessous d'eux, dans le poulailler. Ils parlaient tous les deux notre langue. L'un tapota l'autre puis dit :

— Vraiment mon vieux ! vous avez bien assuré. Je tacherai je transmettre cette bonne et joyeuse nouvelle à la hiérarchie. Je ne savais pas que nous allons terminer ce travail sans être dérangé par les forces de l'ordre.

— Mon frère, nous ferons tout ce qui est de notre pouvoir pour satisfaire nos employeurs. Nous sommes même prêts à périr pour leur cause. Ils s'occupent bien de nous et ça en vaut la peine.

— Voilà un maestro qui parle. Dis-moi, c'est quand tu es arrivé dans le mouvement ?

— C'est le mois passé. Nous étions sur le front de l'ouest. Mais comme la population a déserté, cette localité nous appartient désormais. La situation est sous contrôle là-bas. Comme ceux d'ici ont du mal à contrôler la zone, c'est pourquoi on nous a déployés ici pour les secourir. Mais toi, te voyant, tu dois avoir une place importante dans la hiérarchie. Je présume que tu es là depuis un bon moment.

— Non mon frère ! je suis ici il y a seulement six mois. Mais les grades ici dépendent de tes exploits. Tu peux venir aujourd'hui et commander une équipe demain. Tout dépend de tes compétences. Regarde un peu mon cas, je suis arrivé il y a moins d'un an. Si je suis là où je suis aujourd'hui, c'est parce que je suis toujours sorti victorieux même si une opération se tourne mal. Je revenais toujours sain et sauf. C'est la bravoure qui compte ici mon frère. Je vais te confier un petit secret parce que tu viens d'arriver. Ce n'est pas la première fois que nous anéantissons un village, on en a fait plusieurs, peut-être plus grands que celui-là. Des milliers et des milliers de personnes, soldats comme civils sont tués.

— Oui ! oui ! je vois, c'est la terreur notre hymne.

— Mon frère, c'est la règle par-là et je sais que tu le sais déjà. Si tu veux grandir rapidement dans ce mouvement, il faut attirer l'attention de la hiérarchie au-delà des exploits collectifs par tes exploits personnels.

— Je vois ! vous avez raison.

— Si je t'ai repéré dans toute la foule pour qu'on se parle seul à seul, c'est parce que j'ai remarqué la ferveur avec laquelle tu as fait ton boulot ce soir. La hiérarchie a besoin des gens comme toi et moi. Je suivais tous tes mouvements durant toute l'opération. Tu tues sans avoir pitié, tu n'as même pas le temps de regarder si c'est un enfant, une femme, une vieille ou un vieux. Tu descendais tout. Et ce qui m'a le plus fait plaisir, c'est quand tu as fait sortir ton couteau pour égorger ces rats. Oui ! je me suis dit que tu sentais que tu gaspillais tes minutions. Et je te promets que si tu continues ainsi, tu seras d'ici là chef. J'en parlerai d'ailleurs à la hiérarchie. Ici, nous avons besoin des hommes intrépides, dévoués et qui sont prêts à mourir pour la cause.

— Quant à être courageux, ne vous inquiétez pas pour ça. Je faisais partie de l'équipe qui avait exterminé mon propre village. J'en ai tué quelques-uns des miens. Maintenant, je n'ai rien à perdre. Donc je peux affirmer que, où je me retrouve actuellement, je suis le seul de ma famille en vie et je ne me prends plus comme un être humain. J'ai parfois le sentiment de n'être programmé rien que pour tuer. Si je fais une semaine sans descendre quatre à cinq personnes, ça me rend malade, ça me rend dingue et cela m'enrage énormément.

— Vraiment on sent la rage en toi, la haine a pris un certain poids. C'est ce que recommande d'ailleurs notre hiérarchie. Voilà pourquoi je disais que tu as un bel avenir devant toi. Il faut juste maintenir le cap et serrer bien les coudes. C'est une occasion pour toi de saisir la balle au bond.

— Merci pour les compliments et les encouragements. Ça me va droit au cœur. Je prendrai acte de ces remarques.

— Merci bien mon frère.

— Je vous en prie. Mais si vous me le permettez, vous êtes de ce pays comme moi ? puisque vous parlez bien notre langue.

Après un long moment de rire, l'autre reprend :

— Mon frère, je suis de ce pays. Disons un fils digne de ce pays qui se soucie de ses problèmes. Si nous faisons ce travail, c'est pour nettoyer cette société souillée pour instaurer une société digne de ce nom, qui croie en Dieu. Mon frère, je suis bel et bien né dans ce pays comme toi. Ma mère et mon père, paix à leurs âmes, étaient tous de ce pays.

— Abbon !

— Bah oui! tu crois que quelqu'un qui n'est pas de ce pays peut conduire des opérations telles que nous le faisons ? détrompe-toi mon frère. Notre mouvement est constitué majoritairement des fils de ce pays.

— Ah je vois maintenant

— Tu as intérêt mon frère. Ecoute bien, un étranger ne peut pas mener des opérations dans un pays qu'il ne maitrise pas. C'est nous, les fils de ce pays, qui guidons les autres.

— C'est ça. Mais est-ce qu'il vous arrive de fois d'avoir des remords pour ce que vous avez fait et ce que vous faites maintenant ? C'est-à-dire le fait de tuer des populations comme on vient de le faire.

— Des remords tu dis mon frère ? tu me fais rire. Ça n'existe pas dans notre univers. Je te comprends bien, tu n'es pas encore bien intégré dans notre monde. Tu dois désormais savoir que le passé est pour nous, une fiction. Rien de réel. Tout ce qui nous importe c'est de trouver un avenir où la liberté, la crainte de Dieu triompheront. Pour cela, nous faisons juste ce qu'il faut faire. Pourquoi avoir donc des remords pour avoir accompli une noble mission ? on doit continuer de marcher sans regarder derrière nous.

— Si je vous pose cette question, c'est parce qu'il m'arrive des moments de penser à ces massacres. Et cela arrive surtout quand je me trouve hors d'état de stupéfiants. Nous sommes à la cause de la ruine de notre nation. Et je me demande de fois pour qui nous travaillons, puisque depuis que je suis là, je n'ai jamais vu quelqu'un me dire que c'est lui le patron du mouvement. Même ceux qui conduisent les opérations comme vous ici, ne les connaissent pas. Je suis pourtant d'accord comme vous qu'il y a un chef ou des chefs dans la clandestinité. On se demande pourquoi ces derniers veulent qu'on massacre des populations innocentes comme ce que nous venons de faire. Tout ce que nous savons, on est toujours bien payés et à temps. Je peux même dire, mieux payé que le plus haut et honnête fonctionnaire de ce pays. Pourquoi quelqu'un prendrait la peine de faire une telle chose ?

— Effectivement comme tu le disais, je sens que tu n'es plus toi. Tu as besoin d'une grande dose pour retrouver tes esprits. Sinon tu racontes du n'importe quoi. Ce que tu viens de dire mérite la peine capitale ici. Mais comme je te l'avais déjà dit, tu es un bon soldat qu'a besoin notre mouvement. Je ne peux donc pas me permettre de descendre quelqu'un d'aussi important de notre mouvement. Mais je vais te remonter le moral avec ce produit.

Toujours coincé dans mon poulailler, la sueur coulait à flot. J'avais maintenant du mal à respirer étant donné que ce dernier avait bouché le trou qui me servait l'oxygène. Mais je faisais de mon mieux pour maintenir le rythme. Je priais pour qu'ils partent maintenant. Mais ils n'avaient pas encore fini de causer. Un instant après j'ai senti l'odeur de la drogue qui diffusait dans tous les sens. Comme l'autre était déjà perdu, son pote essayait de lui remonter le moral. C'est quand ils eurent fini de fumer et de snifer que celui qui avait perdu les pédales reprit :

— Waouh ! mais dites-moi, où est-ce que vous gagnez ce produit ? il est très bon. Je peux l'avoir encore ? depuis que je suis là, je n'en ai jamais touché d'aussi fort. Malheureusement qu'il n'y a plus quelqu'un pour que je le mange cru. Ce produit est très bon.

— Voilà maintenant que tu parles bien. Je t'avais dit que j'avais ta solution. Ce qu'on vous donnait c'était de la daube. Si tu fais un mois avec moi, tes soi-disant remords partiront pour toujours.

— Au fait, si on pouvait avoir des produits injectables, j'allais me les injecter pour le restant de ma vie. Ce mouvement c'est ma vie maintenant. Et vous êtes ma famille. Je défendrai votre cause jusqu'à mon dernier souffle.

— Bien sûr qu'il y a des produits injectables. Ne t'inquiète pas, pour le moment il y a manque de ces produits ici ; mais une cargaison est en cour de route avec tout ça. Ils seront bientôt là, ceux qui nous ravitaillent en nourriture, en carburant et en stupéfiants. Donc tu auras ce que tu veux d'ici la fin de la semaine.

— Voilà qui me rassure. Merci encore pour ton remontant. Ensemble, nous réduirons ce pays en poussière mon frère. Je rêvais d'avoir un compagnon comme vous. Les autres sont souvent des lâches.

— Là tu as parfaitement raison. Tu sais quoi ? il y a des gens que nous utilisons juste pour quelques opérations. Nous savons bien que ces derniers sont justes là pour l'argent. Ils ne sont pas dévoués. Donc après quelques opérations, si ces derniers ne sont pas morts sur le champ de bataille, c'est nous qui les remercions pour toujours avec une mitrailleuse. Je profite te dire un truc si tu n'es pas au courant. Une chose est de savoir que si tu arrives chez nous, il n'existe plus de retour possible. Sauf la mort peut te sauver, c'est tout et c'est comme ça le mouvement fonctionne.

— Quitter ce groupe ? je n'en ai pas l'intention. Je t'avais déjà dit que vous êtes ma seule famille et que je mourrai pour la cause que cette famille défend.

— Je n'attendais pas autrement de toi.

— Mais excusez-moi encore pour mon indiscrétion. C'est quoi qui vous a amené dans le mouvement ?

— Ah oui ! vous voulez tout savoir. Mais il n'y a plus de secret entre toi et moi. Je vous dirai donc ce qui m'a amené ici. Autre fois, j'ai servi cette nation. Je me suis donné pour le bien-être de celle-ci. Mais cette nation a été ingrate à mon égard. J'étais assistant de police dans un commissariat. Un jour mon commissaire m'a donné une mission suicidaire. Il m'a envoyé d'aller tuer un de ses rivaux. Malgré que ce bâtard ait une femme, il voulait faire la peau à un jeune commerçant qui sortait avec sa maitresse. Je savais bien que cet ordre était illégal et illégitime. Mais j'étais son bon petit. Il m'avait couvert face à des situations qui auraient pu me coûter mon poste d'assistant. Je me disais qu'une fois en passant, je pouvais être reconnaissant à son égard en faisant ce qu'il me demandait. Effectivement j'ai accepté la mission. Le soir qu'il m'a donné le feu vert, il m'a fait suivre incognito par un de mes collègues que j'avais aidé à payer la scolarité de ses enfants. Ce dernier devrait me liquider une fois que j'aurais fini de me débarrasser du commerçant. Mais pour ce que j'ai pu bien faire pour lui, il m'a donc prévenu de quitter le pays pour toujours, qu'il fera de son mieux pour la suite. Pourtant, ce pays m'appartient comme eux, pourquoi m'enfuir pour des raisons aussi banales. Le problème est que je ne pouvais pas l'appeler à la justice car c'était sa parole contre la mienne. En plus, l'armée est une institution très mafieuse. Tu ne pourras rien contre les hauts gradés. Donc je ne savais plus quoi faire. Je ne percevais plus mon salaire vu que je ne me présentais plus au commissariat. C'est là que j'ai pris connaissance de l'existence de ce mouvement. Je me suis donc rallié rapidement. C'est ici que je vais me venger de ce peuple ingrat. La bonne nouvelle est que je n'ai plus de qui me soucier. Ma première mission fut l'attaque du commissariat qui m'a conduit ici. Ce fut une réussite foudroyante, nul n'a survécu. Voilà un peu de ce qui m'a amené ici.

— Je déplore la situation que vous avez pu vivre. Si tel est le cas, votre présence ici est très bien justifiée. Mais dites-moi, vous avez parlé d'attaque de commissariat, nous on en a fait à l'ouest plusieurs fois. Mais la question que je me pose est que, comment des gens qui sont conscients de notre existence se laissent prendre par surprise ? Des fois même, nul ne survie à nos attaques dans ces institutions sécuritaires. Ils n'ont jamais de renfort. C'est un peu bizarre non ?

— Ah mon frère ! il y a beaucoup de chose que tu ignores encore dans ce mouvement. Rien ne se fait au hasard. Selon toi, comment peut-on être si sûr que cette gendarmerie ou ce commissariat est à notre porté ? c'est très simple, nous avons des taupes dans toutes les institutions sécuritaires de ce pays. Très souvent, ce sont les hauts gradés eux-mêmes. Ceux qui gouvernent ces institutions. Si nous attaquons, c'est parce que nous sommes sûr de sortir indemne. Dans toutes vos attaques, avez-vous déjà croisé un chef dans ces coins ? non ! ça fonctionne ainsi. Mais ne t'en fais pas, tu vas bien comprendre avec le temps si tu ne te laisse pas tuer tôt.

— Mais est-ce dans l'armée seule vous avez des taupes ou bien y a d'autres types de personnes qui vous fournissent des informations ?

— Voilà que tu commences maintenant à comprendre. Non ! l'armée n'est pas notre seul partenaire. Mais il faut dire que c'est le partenaire le plus important. Nous sommes même orientés par nos ennemis à travers la radio, la télé et les réseaux sociaux. En tout, les médias sont derrière nous de façon inconsciente. Tu vois maintenant que nous sommes toujours en avance par rapport à eux ? toutes les décisions qu'ils prennent à notre encontre nous parviennent aussi rapidement que possible. La majeure partie de nos recrutements se fait à travers les réseaux sociaux. C'est là que nous arrivons à monter les uns contre les autres, c'est là que nous distillons la haine des uns envers les autres. Ainsi fait, le tour est joué et les gens font souvent la guerre à notre place. A en croire même à notre hiérarchie, ce mouvement même est créé par des gens de ce pays. Des gens bien placés qui agissent dans le noir et qui ont toutes les institutions entre leurs mains.

— Mais ce que je n'arrive pas à comprendre c'est le rapport avec la religion. Trop souvent on nous demande de nous déguiser en des djihadistes pour aller sur le champ de bataille. On nous apprend quelques sourates qui nous permettent de nous faire prendre comme des musulmans. En plus de cela, il y a la crainte de Dieu que le mouvement tente de mettre en avant pour accomplir ses missions. Vous-même, vous en avez eu à parler tout à l'heure. Bien qu'étant déterminé pour la cause sans la connaitre, quelque chose me pousse souvent à me poser la question sans m'en rendre compte. Je ne cherche pas à remettre en cause la noblesse des raisons de la création de notre mouvement. Mais je pourrais mieux faire que je le fais maintenant, quel qu'en soit la raison.

— Tu cherches à tout comprendre mon frère. Mais comme je te le dis, tu mérites un certain nombre de secrets. Cette assimilation à la religion islamique est très simple. Depuis longtemps, des gens à travers l'islam ont fait des massacres soi-disant qu'ils le faisaient au nom d'Allah. Mais de toi à moi, en quoi Dieu aurait besoin qu'on tue l'autre pour le satisfaire ? si tel était le cas, Dieu l'aurait fait de la même façon qu'il nous a créés. En nous créant, il n'a jamais demandé à quelqu'un de le faire à sa place. Certes, donc des gens comme Oussama Ben Laden ont utilisé le nom de Dieu pour massacrer les peuples, c'est très facile pour n'importe qui d'utiliser le nom d'Allah pour assouvir ses désirs en passant pour un adepte de l'islam. Même si nous savons que le fanatisme religieux amène des gens à tuer d'autres parce qu'ils ne sont pas de la même religion, force est de reconnaitre que notre mouvement est différent. Et ce qu'il faut noter est que, quand on parle d'extrémisme religieux, ce n'est pas en islam seulement qu'on le retrouve. Il est partout dans les religions. A l'instar de ce que vous savez sur l'extrémisme en islam comme le cas d'Oussama Ben Laden qui bombarda les World Trade Center (WTC) des Etats-Unis le 11 septembre 2001 et cela qui causa la mort de plus de 2000 personnes, nous avons le cas de génocide Rwandais qui est directement lié à la religion chrétienne. En plus dans le passé, d'importants scientifiques comme Giordano Bruno ont été condamné au Bûcher par l'église catholique romaine pour leur découverte extraordinaire sur la vision moderne des rapports interplanétaires ou entre planète et soleil. Mon frère, je ne pourrai pas tout te citer les atrocités que le nom de la religion en général a pu causer. Mais si notre mouvement est assimilé à l'islam, c'est parce que les extrémistes en islam à la différence des autres n'agissent pas dans les coulisses. Leur cruauté est très visible et tout le monde le voit. Donc quand on dit que ce mouvement est un groupe islamiste, le peuple n'est pas étonné. Cela laissera les vrais coupables en liberté. Aucun soupçon sur qui que ce soit. Voilà en gros le fonctionnent du groupe.

— Mais si les extrémistes ne sont pas à l'origine de ces mouvements, qui peuvent donc être ces derniers ? et pourquoi ils ordonnent qu'on massacre des innocents aussi au lieu de nous indiquer où se trouve l'ennemi pour qu'on le fasse sortir de son trou ?

— Mon frère, je t'ai dit tout ce qui pourrait être dit. Je crois que nous ferons mieux de partir. Peut-être qu'ils ont envoyé des patrouilles à nos trousses. Tu dois savoir qu'avant de sortir pour une opération, les chefs qui sont nos taupes au sein des FDS nous donnent un temps pour amener leur force d'intervention. Donc ils doivent être en route. C'est vrai que nous avons posé des mines pour les ralentir, mais n'empêche qu'on déguerpisse d'ici. Très rapidement, en ce qui concerne les massacres des innocents que tu viens d'évoquer, toute personne susceptible de collaborer avec nos ennemis est notre ennemi. Ce village que nous venons d'attaquer fait partie des leurs. Ils ne voulaient pas se conformer à ce que nous leur exigeons. Mais il faut retenir une chose, c'est notre pays contre notre pays, même si cela est appuyé en contrepartie par des forces extérieures à travers l'armement et bien d'autres matériels et techniques. Ces derniers sont d'ailleurs les grands gagnants. Je sais que tu ne vas pas croire que des gens vont injecter des sommes faramineuses dans cette guerre juste par plaisir. Les vrais business de nos jours se font ainsi. C'est une guerre fratricide, la preuve en est que c'est un jeune de ce village qui nous a guidé jusqu'ici. Comme je le disais tantôt, tu comprendras si tu n'es pas mort d'ici là. Ce qu'il faut savoir, c'est que tu peux mourir à tout moment. Ici c'est la jungle. Mais dis-moi maintenant pourquoi tu es là ?

— La raison de ma présence ici est simple. Depuis tout petit, mes parents m'ont confié à un maitre coranique pour que je puisse apprendre à lire le coran. J'ai passé la plus grande partie de ma jeunesse avec ce maître coranique. Mais au lieu que ce dernier nous apprenne à lire le coran tel que mes parents le souhaitaient, ce dernier préférait nous faire quémander pour lui. De fois, si tu revenais les mains vides, il te bastonnait comme un cochon. J'ai beaucoup de camarades qui ont succombé à cause des maltraitances qu'ils subissaient de la part du maître. Mais à chaque fois que j'interpellais mes parents pour ça, ils ne me croyaient pas. Je suis toujours ramené chez le maître à coup de fouet. Finalement, je me suis enfui de la cour de mon maître pour vivre dans la rue. C'est là que j'ai découvert le vrai visage de l'être humain, sa cruauté, ses manigances, etc. J'ai fini par me lancer dans le trafic d'armes dans un pays voisin. C'est dans ce boulot que j'ai été repéré par des grands de ce mouvement. Comme j'étais déjà dans le trafic, ils ont trouvé que j'avais des potentialités en la matière. Voilà un peu ce qui m'a amené aussi ici. Et ma première mission pour approuver mon engagement c'était l'attaque de mon propre village.

— Tu vois maintenant que la majeure partie de tous ceux qui sont là sont lésés à quelque part par la société. Nous ne sommes pas des ennemis, l'ennemi c'est notre employeur. Donc mon frère, ceux qui nous cherchent doivent trouver d'abord nos employeurs. Nous pouvons tous être tués ce soir mais nos employeurs recruteront des milieux et des milieux de jeunes demain qui seront encore dévoués peut-être plus que nous. Pour combattre ce fléau, ils vont devoir tuer le terrorisme au lieu de s'en prendre aux terroristes.

— Je vois clair maintenant. Je dirai encore que pour la cause, je mourrai. Vive notre mouvement ! vive la hiérarchie !

— Vive notre mouvement ! vive la hiérarchie ! A bas nos ennemis ! Et longue vie à la famille !

C'est sur ces termes que les deux hommes conclurent puis rejoignirent les autres. Avant de repartir, l'un d'eux a pissé sur moi. Heureusement qu'ils n'ont pas découvert que j'étais sous ce poulailler. J'aurais dû avoir un magnétophone pour enregistrer leurs propos afin de vous les faire écouter.

Mais qui sont ces employeurs ? Pourquoi tuent-ils les innocents ? C'est quoi enfin le terrorisme dont ils parlent ?

Ils avaient dit : « ceux qui veulent nous anéantir ont intérêt à anéantir d'abord nos employeurs, sinon ces derniers recruteront d'autres boucs émissaires après nous. Mieux vaut tuer le terrorisme que de s'en prendre aux terroristes. C'est ça qui est leur vérité ».

LETTRE A MONSIEUR LE MINISTRE

Nous sommes dans les années 1999 à Satanga, pays des hommes corrompus et corrupteurs. La gabegie et le népotisme faisaient leurs lois dans les différentes institutions étatiques. C'était devenu la norme sociale des habitants. Qui ne connait personne de haut placé était réduit au néant. La plus grave de cette situation se trouvait surtout dans le système éducatif. Un système qui se veut serein, sincère et impartial qui était devenu comme une entreprise appartenant à une poignée d'individus sans vergognes. Cependant, chacun luttait pour l'amélioration des conditions dans son domaine. C'est pourquoi les Etudiants de Satanga se battaient pour leurs meilleures conditions d'études au campus. Pour mieux mener leur combat, l'Union Générale des Etudiants de Satanga (UGES) vit le jour.

Cette matinée-là, Gandoago le délégué général de l'UGES prit la parole dans l'amphithéâtre Robert Joulbi Kontogom (RJK) :

Bonjour chers camarades Etudiants, je vous espère tous bien portant ce matin. Une nouvelle journée nous est ouverte encore. Nous remercions le bon Dieu de nous en avoir accordée. Dieu a fait le gros travail en nous donnant encore le souffle de vie ce matin. Maintenant, le reste nous appartient. Soit on combat, soit on disparait. Mais n'est-il pas judicieux de se battre ? Oui je le crois! Accepter subir les injustices sociales de notre société équivaudrait notre implication à sa dérive. Ne dit-on pas que le monde ne sera pas détruit par ceux qui font le mal, mais plutôt par ceux qui regardent sans rien faire ? C'est très évident, le silence est plus coupable que tout. Nous ne devons donc pas nous laisser piétiner.

Chers camarades ; nous vous avons réunis ici ce matin pour vous faire part de la réponse du ministre de l'enseignement supérieur, de la recherche scientifique et de l'innovation. C'est une réponse en guise de notre message du mois dernier. Message dont je vous rappellerai le contenu dans un instant. Avant de passer à cela, nous saluons déjà le fait que nous ayons une réponse car ça n'arrive pas tous les jours qu'on prenne nos cris de cœur au sérieux. Cela dénote déjà une considération de la part du ministère à l'égard des Etudiants que nous sommes. Je sais que beaucoup connaissent déjà les problèmes que nous rencontrons sur les campus de ce pays. Mais n'empêche que nous vous rappelions le contenu de la lettre que nous avions envoyé au ministère il y a un moi de cela. Ainsi fait et pour ne pas trop tergiverser, je m'en vais vite vous rappeler le contenu de cette lettre. Sur ce, je voudrais demander à tout un chacun de prêter l'oreille attentive. Ainsi chers camarades Etudiants, voici le message que nous avions envoyé au ministre le mois dernier :

A l'attention du ministre de l'Enseignement

Supérieur, de la Recherche Scientifique et

de l'Innovation (MESRSI).

Monsieur le ministre,

C'est avec beaucoup de respect et de considération que nous, Etudiants de l'université de Tomissi vous adressons cette lettre. Bien que vous soyez le plus haut responsable du ministère qui s'occupe de notre éducation, nos prérogatives nous permettent un tant soit peu de nous exprimer à votre égard une fois que nous sentons un petit égarement au sein de ce ministère. Nous allons donc d'avance nous excuser pour nos éventuelles paroles qui seront mal placées. Pourtant, nous ne nous en voudrons pas trop pour ça, car nous estimons que cela découle de l'éducation qui nous a été donnée jusqu'alors, surtout depuis que nous nous sommes confiés à ce ministère. Bien sûr, nous sommes bien conscients que ce message ne va donc pas vous étonner car vous savez bien la conjoncture actuelle de nos universités.

Monsieur le ministre, nous vous jurons sur notre honneur que nous nous battrons jusqu'à gain de cause. Au lieu de passer notre temps à spéculer sur des termes, nous allons prendre un cas spécifique qui pourrait être extrapolé. La situation est donc sérieuse. Voilà maintenant quatre ans que les Etudiants en biologies se sont inscrits en première année de licence à l'université de Satanga. Et jusqu'ici, ils n'ont pas encore bouclé la licence 2. Vous et nous sommes conscients des enjeux d'une telle situation. Mais vous oubliez peut-être quelque chose, nous sommes les victimes immédiates de cette situation ignoble. Quoi de normal que nous en discutions sérieusement avec vous, le premier responsable de cette mission. Nous avons besoins de mieux comprendre cela. Nous ne comprenons rien du tout d'autant plus que vous ne cessez jamais de faire l'apologie de vos travaux au sein du ministère. Ce qui nous pousse souvent à nous poser incessamment la question de savoir si nous sommes réellement dans le même pays. Mais peut-être que nous nous trompons sur votre compte en vous prenant comme le ministre de l'enseignement supérieur. Vous serez donc le seul à le savoir. Ce qui compte ici, tout ce que vous racontez aux médias est contraire aux réalités sur le terrain. Nous comprenons facilement cela d'autant plus que nos médias sont devenus de la merde. Ils publient tout ce qui tombe à leurs oreilles sans en chercher à comprendre. Pourtant, les réalités sur le terrain contestent vos mascarades à travers les médias. Peut-être que vous aurez des explications miraculeuses pour nous par rapport à vos contes à travers ces médias.

Depuis le primaire, monsieur le ministre, l'éducation civique nous a appris une certaine vertu. Et le mensonge est contre cette vertu. Des lors, nous nous posons la question de savoir pourquoi vous ignorez déjà ce qu'on vous a appris à l'école primaire. Mais nous oublions que vous qualifiez cette éducation, d'éducation féodale. Qu'à cela ne tienne, les problèmes de nos universités s'exacerbent de jour en jour et nous ne sentons aucun effort face à cela. Et vous et nous sommes d'accord sur une chose, ce que vous dites est contraire à la vérité. Nous ne cherchons donc pas à savoir si cela est inhérent au poste ministériel auquel vous occupez ou que c'est un problème personnel. Mais le constat est clair, tous les ministres de ce pays sont pareils. Vous êtes de la même génération, donc les maillons d'une même scène. Peu importe, c'est contraire au serment que vous aviez prêté pour porter ce bagage ministériel. L'intégrité et le travail doivent être votre feuille de route car dit-on que prêter serment, c'est mettre son âme en péril.

Monsieur le ministre, nous pouvons affirmer que le problème qui prévaut n'est pas du tout votre priorité car des mesures adéquates n'ont jamais été entreprises pour venir à bout de ce problème. Pourtant comme nous le disons tantôt, vous êtes conscient du danger potentiel qu'une pareille situation pourrait engendrer. Nous vous rappelons qu'en aucun cas nous pouvons vous apprendre votre travail, ni douter de vos compétences en la matière. Loin de ça monsieur le ministre. Nous voulons juste vous rappeler que vous avez un devoir et un défi à relever et que votre silence face à la situation est inexplicable et inadmissible.

Monsieur le ministre, le retard est un des problèmes monumentaux de nos universités dans son ensemble. Vous le savez sans doute, nous ne venons donc pas vous apprendre ce que vous savez déjà. Mais quels moyens déployez-vous pour le résoudre ? C'est ça qui nous intéresse beaucoup. Cette mascarade a longtemps traîné sur le tapis, il est donc temps que vous vous changiez. Nous n'avons jamais pris très simple la résolution de ces problèmes. Mais nous pouvons sans doute dire que ce n'est pas la mer à boire. C'est une question de volonté et de détermination.

Monsieur le ministre, pour attirer votre attention face à cette situation dramatique, nous allons toute suite vous racontez un fait que vous pourriez peut-être juger anodin mais un fait majeur à notre niveau. Ainsi monsieur, Rabi était un Etudiant en première année de biologie à l'université de Satanga. Cela fait quatre ans qu'il a eu son baccalauréat. Mais il n'avait pas encore bouclé sa deuxième année depuis lors. Pourtant, il n'avait jamais doublé une classe, il était même le major de sa promotion en licence 1. Si nous vous racontons cela, c'est parce que le retard n'est pas loin de ruiner toutes nos universités. Monsieur, imaginez-vous un instant, Rabi fils d'un pauvre cultivateur sur qui ses parents comptaient pour se débarrasser un jour de la misère. Toute sa famille avait le visage tourné vers lui. On le voyait comme un sauveur dans un proche avenir. Et quant à Rabi, tout son espoir était reposé sur vous. Un espoir de finir vite ses études pour espérer être intégré dans la fonction publique un jour. C'était son ultime rêve. Mais hélas, nous sommes déçus et a ahuri que vous ne parlez en aucun cas de la situation de ces Etudiants dans vos interviews. Une chose encore, Rabi aspirait être orienté à l'université de Gaughin. Mais avec des systèmes dits de modernisation, il a été à sa grande surprise orienté à l'université de Tomissi après son inscription en ligne, donc à 400 kilomètres de chez lui. Il a négocié une réorientation en vain. Au début, il a voulu mettre fin à ses études vu qu'il n'avait personne à Tomissi chez qui il pouvait loger pour continuer ses études. Mais ses parents qui comptaient beaucoup sur lui l'en ont dissuadé. Voilà pourquoi Rabi s'était retrouvé à l'université de Tomissi.

Monsieur le ministre, nous vous disons tantôt que Rabi n'avait personne chez qui il pouvait être hébergé. Il s'était donc déjà confronté à des problèmes de logement bien avant que ne commence les cours à la fac. Il a même déposé pour les cités universitaires mais il n'a jamais eu la chambre. Il était donc obligé de passer toute l'année dans les couloirs des pavillons et dans les parkings de la cité universitaire. C'est vrai que les Etudiants sont assez solidaires pour héberger leurs camarades dans leurs chambres. Ce que vos agents dans les cités jugent d'ailleurs anormal. Malgré cela, Rabi a eu la poisse d'avoir la chambre. Il se contentait donc des couloirs et les parkings de la cité. Il était pourtant déterminé parce qu'il croyait pouvoir finir ses études très bientôt et commencer à chercher sa vie avec son diplôme. Mais cette motivation fut éphémère car il était déjà déçu avant d'avoir commencé les cours. Ils ont commencé leurs cours pratiquement en mois d'avril de l'année. Ils n'ont fait que quelques trois à quatre modules avant d'aller en vacances. L'année suivante, Rabi a été chassé de la cité pour occupation illégale des couloirs. Il a donc négocié la chambre encore en vain. Pourtant, il ne pouvait pas renoncer à peine déjà commencé. Monsieur, dites-nous que pouvait-il faire avec un bac général si ce n'est qu'attendre des concours directs ? Il fallait qu'il continu vaille que vaille. Pour un enfant de pauvre, les moyens pour louer une maison n'étaient pas simples. Mais n'ayant pas le choix, Rabi était obligé de partager une maisonnette avec deux camarades. Ils ont eu cette maisonnette aux alentours du campus à 15000f, une maison entrer-coucher. Pour un Etudiant qui ne prenait que 50000f les trois mois, pouvoir gérer cette maison, s'occuper de la ration, les modules à l'université et bien d'autres dépenses que nous ne pourrons pas tout citer ici, constituaient une véritable menace pour sa survie au campus. Au village, ses parents vendaient leurs vivres pour lui venir en aide de temps en temps.

Monsieur le ministre, nous sommes maintenant dépassés de la situation de Rabi. Et nous saisissons cette occasion pour vous informer que notre camarade Rabi, après avoir gaspillé ses miettes à la poursuite de cette fameuse licence a fini par désister. Oui ! Il a désisté pour des raisons qui ne vous sont pas inconnues. Quatre années en licence 2, c'est de trop monsieur le ministre.

Monsieur le ministre, nous avons appris la fois dernière que notre camarade Rabi s'est pendu au village un mois après avoir quitté l'université. Vous pouvez penser comme vous le voulez par rapport à la cause de ce drame. Mais personne ne pourrait nous dissuader du fait que cela est dû au chagrin d'avoir quitté l'université. Imaginez-vous un instant, après avoir passé presqu'une vingtaine d'années sur les bancs, tu les quittes bredouilles pour des raisons pareilles. Vous avez votre façon de voir la vie. Ce n'est donc pas pour autant que vous allez généraliser votre façon d'appréhender les choses. Pour Rabi, il voyait son espoir s'écrouler devant lui sans qu'il ne soit capable face à cela. Pourtant, ceux qui sont à l'origine ne s'en sont jamais occupés. Il a passé sa grande jeunesse a gobé du n'importe quoi dans ce système éducatif et fut payé par ce drame. Il a fait des concours mais n'est jamais admis vu que le nombre de poste à pourvoir est réduit de façon considérable. Pour lui, l'espoir n'était plus au rendez-vous. Monsieur, la situation de Rabi est l'une des principales raisons de notre lettre.

Monsieur le ministre, si nous avons jugé important de vous raconter cela, c'est parce que nous sommes certains que Rabi ne sera qu'un exemple parmi tant d'autres. Nous ne pouvons donc pas dresser une liste des Etudiants qui ont été victimes de la situation universitaire. Si nous avons pris l'exemple de Rabi, c'est parce qu'il heurte bien nos consciences. Combien sont ceux qui sont dans des situations pareille ou peut-être pire ? Beaucoup d'Etudiants qui excellaient bien dans les campus ont déserté pour les mêmes raisons. Maintenant, la question que nous nous posons ici est de savoir qui est supposé gouverner le pays après votre génération ? Parce que vous et nous savons bien que vous n'y serez pas éternellement. L'éducation est la base de tout développement, elle doit être prise avec beaucoup de sérénité et de sincérité.

Monsieur le ministre, vous criez sans cesse à propos de l'entreprenariat. Certes, c'est une bonne chose vue la situation dans laquelle nous nous trouvons aujourd'hui. Nous même Etudiants, nous nous encourageons pour ça. Mais laissez nous vous rafraichir un peu la mémoire. Si ce désordre est constaté, cela est dû à votre système éducatif féodal. Donc vous n'allez pas croire que vous avez raison de dire aux Etudiants d'entreprendre. C'est plutôt une fuite de responsabilité de la part des dirigeants de ce pays. Comme déjà dit, nous nous convenons pour l'entreprenariat. Ce qui nous étonne, pourquoi c'est après avoir passé toute sa jeunesse sur les bancs qu'on dit à l'Etudiant d'entreprendre. Vous devez trouver cela un peu tard et ridicule. Durant tout notre parcours scolaire, on nous a appris à n'attendre que des concours directs pour espérer un avenir meilleur. Maintenant que nous nous sentons presque, la donne change systématiquement. Ce que vous oubliez, c'est que l'entreprenariat est une autre forme d'éducation. C'est d'ailleurs l'éducation idéale. Et c'est cette éducation que le jeune citoyen devrait recevoir au lieu de passer sa jeunesse à picorer des inepties de l'époque décadente. Et si on en croit à la science, l'homme assimile facilement tout ce qu'il apprend à son très jeune âge. Et quand il aura atteint un certain âge mûr, il peut mettre en pratique tout ce qu'il avait appris sans trop de difficultés. Mais prenons le cas d'un Etudiant qui est obligé de se lancer dans l'entreprenariat parce que ses dirigeants lui disent qu'ils ne peuvent plus rien pour lui. Il va bien sûr se lancer dans l'entreprenariat, même s'il sait que sa réussite est hypothétique. Certainement, certains s'en sortiront. Mais n'empêche que la majeure partie déraille et constitue les fléaux sociaux qui pèsent lourdement sur le développement de la nation. Vous allez constater qu'une situation déplorable engendre une autre plus catastrophique. Ça nous fait rappeler cette célèbre maxime physique qui nous dit que rien ne se perd mais que tout se transforme. Nous ne pouvons pas finir d'énumérer les conséquences car elles sont aussi nombreuses que fâcheuses.

Pour vous monsieur le ministre, une chose est sûre. Vos enfants ne seront jamais victimes de ces tragédies universitaires étant donné qu'ils sont déjà loin de ce pays. Ils baignent dans les conditions normales d'études dans des prestigieuses universités à l'international. Et nous sommes convaincus qu'avec eux, vous ne parlez jamais de laisser les études pour entreprendre. Tout cela parce que vous voulez que ces derniers reviennent nous gouverner dans ce pays. Monsieur le ministre, nous avons tous droit à l'éducation comme vos enfants. Vous devez donc faire de votre mieux que même, si nos moyens ne nous permettent pas d'aller bosser à l'extérieur, nous puissions nous réjouir dans nos universités nationales avec un système éducatif adéquat aux réalités de ce pays et en phase avec la modernisation. Si cela est fait, rien ne prouverait que les autres universités soient meilleures que les nôtres. Pour le moment, nous sommes des moutons qu'on envoi à l'abattoir sans issu. C'est-à-dire qu'on bafoue l'éducation nationale pour enfin faire venir vos enfants de l'extérieur. Ces derniers une fois au pays se joueront aux intellectuels et aux sauveurs de ce pays. Pourtant, nous le savons tous ici, tel père tel fils et le système continuera toujours de souffrir.

Monsieur le ministre, notre message n'a aucune intention de mettre en péril votre renom si vous comptez en avoir, ni de sous-estimer vos compétences face à la situation. Mais seulement que nous faisons face à une situation qui ne nous laisse aucun choix. Cette situation est bien armée pour nous réduire en néant dans ce pays. Pour tout vous dire monsieur le ministre, le système éducatif, la mauvaise qualité de l'enseignement et le grand retard sont les problèmes centraux auxquels nous ne saurons rester muets. Nous sommes déjà dans ce merdier et on se demande si nous n'allons pas y rester si nous sommes toujours dans le statu quo. Et si nous nous sommes adressés à vous, c'est parce que nous nous soucions de notre avenir et celui du pays. Pour cela, ce serment que vous avez prêté de bien mener cette mission au prix de sacrifice de votre vie doit être respecté. Dès lors, c'est plus qu'un devoir pour vous de trouver une panacée assez rapide que bonne à notre problème. Nous sommes des enfants de pauvres. Nous n'avons rien à vous réclamer en tant qu'individu comme nous. Mais en tant ministre de l'enseignement supérieur chargé de nous accompagner dans la quête du savoir, notre formation, les lois nous donnent une certaine prérogative. Ainsi, nous attendons de vous une formation de qualité toujours en adéquation avec nos réalités présentes tout en minimisant les retards. C'est tout monsieur le ministre.

Monsieur le ministre, nous allons tergiverser sur une chose qui nous intrigue et nous ronge le cœur. Loin d'être jaloux, nous avons remarquée dans ce pays que certains enfants naissent avec des comptes bancaires bourrés de sommes faramineuses. Comment ces derniers pourront faire travailler leur tête pour résoudre les problèmes sérieux de ce pays ? C'est le cas des enfants de certains dirigeants de ce pays pour ne pas dire tous les dirigeants. Et quand nous parlons de ces enfants, ce n'est pas par jalousie comme nous le disons tantôt, nous n'avons d'ailleurs aucune prétention monsieur le ministre. La preuve en est que ceux qui prétendent détenir des diplômes des universités internationales sont la cause de la situation universitaire actuelle. Et partant de là, qui paie les pots cassés ? Honnêtement c'est nous les honnêtes citoyens, monsieur le ministre.

Monsieur le ministre, pour terminer nous sommes à terre. Nous vous demandons de vous pencher vers notre cas qui est délicat et que nous jugeons que ce problème est aussi le vôtre. Et comme il n'y a pas de formule magique pour résoudre ce problème par nous-même, nous implorons votre volonté, votre détermination pour le processus du déclenchement de la résolution de ce problème. Même si nous y sommes déjà jusqu'au coup, le parcours des générations futures pourrait être sauvé. Les problèmes sont nombreux, mais il y a des priorités sur lesquelles nous avons tergiversé tout au long de ce message. Le retard, le système éducatif est à revoir absolument, le manque de matériels et l'insuffisance de laboratoires pour les travaux pratiques de certaines unités de formation, la question d'hébergement et le manque criard d'amphithéâtres et d'enseignants. Ce sont là monsieur le ministre, les principaux et les plus nécessités. Sur ce monsieur le ministre de l'enseignement supérieur, nous vous prions tout comme les autres ministres de bien vouloir prendre vos responsabilités car si la nation vous a confié ces différentes missions, c'est parce qu'elle voit en vous une certaine qualité qui puisse permettre à son épanouissement. C'est pourquoi vous devez donc travailler d'arrache-pied pour mériter davantage cette confiance et ne pas la décevoir.

Monsieur le ministre, permettez-nous de réitérer nos sincères excuses si à quelque part, par nos propos, vous êtes blessés. Si nous sommes arrivés à là, c'est parce que nous avons jugé nécessaire et important de vous rappeler les conditions dans lesquelles nous vivons dans les différentes universités de ce pays. Sur ce, nous comptons sur votre bonne volonté pour changer la donne afin d'éviter le pire.

Excellence monsieur le ministre, nous vous adressons nos salutations distinguées.

Les représentants des Etudiants

de l'université de Tomissi.

Le 20 avril 1999

Ainsi fait chers camarades, notre lettre a été transmise à qui de droit. Nous sommes ravis de vous apprendre que ce message a été entendu et bien évidemment répondu. Nous remercions donc le ministre pour sa promptitude par rapport à la réponse de notre lettre. Comme nous le savons tous, chers camarades, cette lettre a été écrite et approuvée par nous, les représentants des Etudiants. Cependant, quel qu'en soient les conséquences que cela puisse engendrer, nous sommes responsables et nous ne devons donc pas se voiler les faces. Ça toujours été le prix du sacrifice. Sur ce, nous allons vous délivrer la réponse qui nous est parvenue.

A l'attention des représentants des

Etudiants de l'université de Tomissi.

Mes chers Etudiants,

Je voudrais tout d'abord m'excuser pour ce petit retard que j'ai mis pour vous répondre. J'aurais dû vous répondre le plus vite possible car sans vous, la casquette ministérielle que je porte n'existerait pas. Mais croyez-moi, j'ai fait de mon mieux pour ne pas abuser de votre confiance en ma modeste personne et en tant que ministre de l'enseignement supérieur, de la recherche scientifique et de l'innovation. Cependant, j'avais des urgences et j'étais en déplacement pour une rencontre ministérielle de l'enseignement de la sous-région. Je suis donc arrivé la semaine dernière. Mais vue la problématique et l'importance de votre lettre, je ne pouvais pas me permettre de vous faire attendre encore étant donné que l'année académique tire vers sa fin.

Chers Etudiants, comme vous le savez bien, j'ai bien reçu votre lettre telle que vous l'avez écrite. Je l'ai lu à plusieurs reprises et je crois avoir cerné l'essentiel du message. Je crois que c'est le plus important. C'est bien sûr votre droit de réclamer vos droits. J'allais tout d'abord vous remercier pour avoir passé par cette voie pacifique pour vous faire entendre. Cela signifie donc que vous mettez en pratique l'éducation civique qu'on vous a apprise depuis lors. Et pour la réponse encore, vous n'avez pas brulé votre patience. Je vous recommanderai toujours les mêmes procédures pour vos éventuelles revendications. Ce sont des vertus que vous devez garder pour toujours si vous voulez être considérés et écoutés dans la société.

Chers Etudiants, nous sommes tous conscients de la situation universitaire actuelle. Mais si vous me le permettez, vous faites des amalgames entre le ministère de l'enseignement et celui des finances. Il faut que vous sachiez que c'est l'Etat qui décide de quelle somme verser dans les caisses de chaque ministère. En vous lisant, j'ai eu l'impression que c'est moi, le ministre de l'enseignement supérieur qui décide de la somme à verser dans les caisses de mon ministère. Non chers Etudiants ! Vous avez vu le contraire. Un proverbe mossi dit que celui qui est hors de l'arène croit pouvoir bien faire la lutte, il faut qu'il s'y retrouve pour comprendre que la lutte n'est pas telle qu'il le croyait. Vous le savez bien que nous faisons de notre mieux pour venir à bout de ces problèmes. Pour le retard que vous avez tant insisté dans votre lettre, nous devons couper la poire en deux. Il faut reconnaitre que la responsabilité vous incombe aussi. C'est vrai que je ne suis pas sur le terrain pour savoir les moindres détails. Mais si j'en crois à mes agents sur le terrain, les Etudiants refusent souvent de composer des devoirs sous prétexte qu'ils sont sous pression. Pour des gens qui veulent que le retard soit minimisé, j'ai du mal à le croire. Selon les textes en vigueur, au plus tard deux semaines après avoir fini un cours, les Etudiants doivent être évalués. Mais vous êtes d'accord avec moi que si ces textes étaient respectés à la lettre, le message que j'ai reçu aurait été pire. Vous voyez maintenant que vous voulez une chose et son contraire. Pour notre part, nous savons que le manque d'enseignants et d'amphi fait défaut. Mais nous y travaillons nuit et jour pour amoindrir ces manques. Mais pour venir à bout de ce retard, votre contribution est plus que nécessitée.

Chers Etudiants, je ne pourrai pas répondre point par point à votre message. Mais je tenterai de vous faire comprendre ce que vous devez comprendre. Ceci ne voudrait pas dire que j'ai ignoré certains passages de votre lettre. Seulement que je ne trouve pas leur place dans le but de ma mission. Pour ainsi commencer, je suis désolé d'apprendre la situation de Rabi, destin fatal dont vous avez fait cas dans votre fameuse lettre. Cependant, permettez-moi de vous dire que nul ne peut contre la volonté divine. C'est donc des situations qui arrivent et nous ne pouvons pas les empêcher. Mais c'est très abject de dire que son cas est imputable à son parcours scolaire. Ces cas n'arrivent pas que dans le domaine de l'enseignement, ils sont fréquents dans nos sociétés bien avant l'arrivée de l'école. Ainsi, nous n'avons joué aucune partition dans ce drame et même si nous nous condamnons, c'est parce que nous faisons partie de cette société et non pas parce que nous sommes les responsables de sa formation. Vous allez sans doute croire que ça ne m'a pas touché. Si tel est le cas, chers Etudiants, détrompez-vous. Je suis vraiment navré de sa situation et je présente mes sincères condoléances à la famille éplorée.

En ce qui concerne l'entreprenariat, chers Etudiants, croyez-moi, il n'est jamais tard pour apprendre. On dit toujours que vouloir c'est pouvoir. Votre raisonnement par rapport à l'entreprenariat n'est pas du tout faux. Mais vous devez comprendre quelque chose, l'Etat ne sera pas capable d'embaucher tous ceux qui ont des diplômes. Ça c'est une conviction et vous-même vous le savez bien. Pourquoi vouloir que l'Etat recrute deux personnes pour un seule poste ? Même s'il venait de le faire, tous ceux qui ont des diplômes ne seront jamais pris. C'est une catastrophe démographique chers Etudiants. Vous devez savoir que nous avons maintenant le dos au mur et la seule alternative est de vous dire la vérité. Parlant de ce pourquoi c'est maintenant on vous dit d'entreprendre, les gouvernements précédents ont eu froid aux yeux de le dire. C'est ce que nous voyons comme une bombe à retardement, et nous ne pouvons pas nous permettre de vous cacher cette vérité. Pour ceux qui comprennent la gravité de cela, ils se doivent de se mettre au travail. Vous êtes toujours jeunes et vous avez le sang bouillant. Sinon qu'honnêtement et encore, l'Etat ne pourra jamais recruter tous ceux qui ont des diplômes dans ce pays. Le problème universitaire n'a pas ses racines sous mon commandement. C'est un problème d'une longue période qui persiste. Et nous faisons de notre mieux pour changer de cap. Mais vous Etudiants, vous vous précipitez toujours sur le problème sans pour autant examiner ses causes.

Chers Etudiants, vous avez fait cas des enfants des familles bourgeoises dans votre lettre. Sur ce point, je ne transige pas. Si y a quelque chose que je tiens absolument à vous dire, c'est d'éviter de lancer des allégations débiles et infondées. Votre lettre c'était pour vous faire entendre par rapport à la situation des universités dans ce pays. Donc je n'arrive pas à faire le rapprochement. Si je devais vous répondre par rapport à cela, je suis désolé de vous le dire mais vous n'avez qu'à prendre l'avion pour aller bosser à l'extérieur. Heureusement que les frontières sont grandement ouvertes et il y a beaucoup d'universités d'accueil à travers le monde. Je vous exhorte donc d'arrêter de distraire les gens. C'est pour le bien de nous tous si je vous dis cela. Sur ce, je ne serai pas long sur ce point car je ne vois d'ailleurs aucun intérêt de le faire.

Chers Etudiants, comme je l'ai déjà dit, on ne peut résoudre le problème universitaire du jour au lendemain. C'est un long processus qui requiert beaucoup de sacrifice tant au niveau estudiantin qu'au niveau des autorités compétentes. Mais avant ça, je ne pourrais me permettre de balancer mes enfants dans de telles universités. L'éducation c'est le meilleur cadeau qu'un père digne de ce nom puisse offrir à ses enfants s'il veut les voir s'épanouir dans le futur. Pour cela, si mes modestes moyens me permettent d'éduquer autrement mes enfants, je ne vois aucun crime en ça. Cela va sans doute vous frustrer mais ainsi va la vie. Bien sûr, le système éducatif de ce pays est décadent, il est obsolète. Mais pour votre information, ce sont nos bailleurs de fonds qui décident du système avec lequel nous devons avancer.

Enfin chers Etudiants, pour tenter de minimiser les éventuels dégâts d'un tel système éducatif et ses corollaires, il n'y a pas de recette miracle. La conjugaison de nos efforts serait le moteur indispensable pour y parvenir. Je sais que vous serez étonnés de m'entendre vous inviter à jouer votre partition. Vous allez donc vous poser la question de savoir de quelle partition s'agit-il. Sur cette question, je vous réponds de façon sommaire : acceptez de composer vos devoirs à temps, arrêter de blâmer les autorités et soyez patients. Nous savons ce que nous faisons, nous sommes vos formateurs et vous n'avez rien à nous apprendre sur notre travail.

Je vous remercie vivement chers Etudiants.

Son excellence monsieur le Ministre de l'enseignement Supérieur, de la Recherche scientifique et de l'innovation.

Le 27 Mai 1999

BERTILLE LOUKA

Il faisait bon vivre à l'école primaire publique d'Akakro. C'est l'établissement qui a le plus marqué Tibila durant son cursus scolaire. Cet établissement d'enseignement primaire était situé à une cinquantaine de kilomètres de Naziri, troisième grande ville de la république de Magué. C'est dans cet établissement que Tibila avait commencé ses études primaires. Une école installée au bord d'une rivière presqu'ensablée. Elle était d'un côté entourée d'une forêt sous forme d'une demi-sphère. L'école réunissait toutes les conditions nécessaires aux études. Un terrain bien gazonné permettait aux élèves de faire le sport. Autour de ce terrain, il y avait des balançoires pour les autres activités ludiques. Les salles de classes étaient construites à base des pierres sauvages et vernies en orange. Il y régnait la joie de vivre, surtout avec la cacophonie des chants multiformes d'oiseaux de cette forêt paradisiaque. Cet air frais et oxygéné que rejetait la forêt réjouissait tous ces élèves qui vivaient en harmonie avec la nature. Des fois, ils s'évanouissaient dans la forêt pendant les récréations pour la cueillette des fruits sauvages et à la recherche de quelques œufs d'oiseaux. C'était en tout un paradis terrestre pour les enfants de leur âge.

Ousseni Yao fut le maître de Tibila depuis la première année de la cour préparatoire. Il était très gentil envers ses élèves et les incitait surtout au travail. Et pour ne pas le décevoir, ces élèves travaillaient bien comme il le souhaitait. Bertille Louka et Tibila étaient les deux élèves dans la salle qui impressionnaient toujours monsieur Yao. Ils l'impressionnaient par leur travail tant à l'école qu'au champ. Ils l'aidaient de temps à autre dans ces travaux champêtres, surtout les jours non ouvrables. C'est pourquoi il leur aimait plus que les autres élèves de la salle. Bertille et Tibila étaient les concurrents potentiels de la première place lors des compositions. A chaque fois, c'était eux qui disputaient pour la première place dans le classement à la fin du trimestre. Mais toujours est-il que les deux premières places leur revenaient. Malgré cette concurrence, ils se suivaient comme des jumeaux. Ça ne gênait personne. Cette concurrence renforçait d'ailleurs leur lien.

Beaucoup de leurs camarades croyaient que leur excellence dans les compositions provenait du fait qu'ils s'entendaient avec le maître. Tibila se rappela le jour où un de ses camarades était venu lui voir pour qu'il l'aide à devenir premier de la classe. Pour ce dernier, le fait que les deux élèves s'entendaient avec monsieur Yao était la source de leur excellence. Ainsi, ils lui promirent de le faire mais jusqu'à présent Tibila et sa complice n'ont jamais tenu leur promesse. Ils n'avaient jamais demandé une telle grâce à monsieur Yao. Ils bossaient plutôt dur pour y parvenir. Mais comme ils étaient toujours jeunes, ils prenaient les négociations de leur camarade au sérieux. En réalité, leurs camarades ne se trompaient pas sur leur compte à propos de leur entente avec monsieur Yao. Mais ce qu'ils ignoraient c'est que monsieur Yao prodiguait toujours des conseils à ces derniers sur leurs études et leur expliquait qui ils pourront devenir dans le futur s'ils bossaient dur. Par contre, il ne leur donnait pas des notes par complaisance comme le pensaient leurs camarades. Les conseils de monsieur Yao étaient les sources premières de motivation pour Tibila et Bertille. Bien qu'étant encore très jeunes, ils comprenaient déjà de quoi monsieur Yao leur parlait. Il leur disait toujours qu'ils ne pouvaient pas être des mauvais enfants à la maison et être des bons élèves à l'école. C'est paradoxal, n'est-ce pas ? leur disait-il. Il attachait également beaucoup du prix à la vie sociale. Il leur apprenait comment se comporter face aux personnes âgées. En tout, il leur apprenait beaucoup sur le civisme. Et pour la suite de ses études, Tibila avait croisé des enseignants comme monsieur Yao mais ils ne courent pas les rues. Ces enseignants qui éduquent et enseignent sont rares aujourd'hui. Mais ceux qui fabriquent les cas sociaux sont les plus nombreux. C'est pourquoi l'éducation civique est tournée en dérision dans l'éducation actuelle. Ainsi donc, pas étonnant d'entendre de nos jours qu'un tel enseignant a été grièvement agressé par un élève. Pourtant, l'enseignant à l'époque était craint, il était craint non pas à cause de sa méchanceté mais pour son respect. Il était respecté de tous, que ce soit les élèves ou les parents d'élèves. Les autorités leur accordaient une place de choix dans la construction de toute nation. On le magnifiait car c'est lui qui était le faiseur des citoyens. Aujourd'hui, on se pose donc la question de savoir pourquoi l'éducation et l'éducateur sont oubliés et délaissés pourtant qu'ils jouent un rôle de premier ordre sur tous les plans de la vie. Mais tout ce que Tibila savait, c'est que grâce à monsieur Yao, il a appris beaucoup de choses de la vie.

En plus de ces motivations, les conditions dans lesquelles vivaient les parents de Tibila en république Maguenne étaient également une preuve tangible de son dur labeur à l'école. Ses parents étaient des planteurs dans la contrée. Mais les pressions qu'ils subissaient de la part des propriétaires terriens ne donnaient pas à Tibila l'envie de finir comme eux. Cela pourquoi ? Quand leurs parents sont arrivés à Akakro, ils étaient obligés de verser des sommes c'est-à-dire payer des lopins de terre pour pouvoir planter leurs café et cacao. Ils ont enduré des situations pas possibles comme les incendies, les attaques d'insectes et bien d'autres maladies liées aux bactéries pathogènes qui détruisaient les plantes. Ils ont dû travailler nuit et jours pendant des années dans ces forêts pleines de reptiles et bien d'autres animaux dangereux. Ces forêts qui étaient autres fois craint des autochtones étaient devenues les lieux où travaillaient quotidiennement les parents de Tibila. Mais les autochtones étaient toujours trop versatiles. Dès qu'ils voyaient un étranger qui était sur le point de s'en sortir, ses plantes commençaient à produire, ils revenaient toujours avec des règles. Ils menaçaient de fois même de retirer la terre à quiconque contrevenant à leur décision. Les parents de Tibila étaient obligés de leur verser un pourcentage à la fin de chaque vente malgré qu'ils aient payé les terres. Mais Tibila était obstinément contre cela bien qu'il était encore très jeune et ne connaissait pas grand-chose. Mais que pouvait-il faire ? La meilleure des options c'était de travailler dur à l'école pour ne pas subir le même sort dans le futur. Oui, terminer comme ses parents en tant qu'exploités dans une contrée qui n'était pas la sienne. Il avait toujours du mal à comprendre cette injustice accrue, mais qui diable était-il pour en parler. Même les grandes personnes subissaient sans la moindre objection. C'était donc la règle et tout le monde le savait bien. Tout le monde devait faire avec si on ne souhaitait pas reprendre le chemin de son pays d'origine.

Pour Bertille, c'était tout autre. En plus d'être native et autochtone du village, ses parents faisaient partis des bourgeois du village. Tous commerçants, son père et sa mère étaient plein aux as. Son père possédait également des terrains qu'il avait loués à des personnes qui y travaillaient et qui partageait équitablement les gains à la fin des ventes. Son père était un autochtone car il fut l'un des premiers à y être installés. Ce village était autre fois inhabité. Cette forêt avait été colonisée par quelques aventuriers audacieux du pays. Mais le père de Bertille était un autochtone pas comme les autres. Il aimait les étrangers comme les siens. Bertille baignait donc dans les conditions les plus propices aux études. Elle n'avait aucun souci, ce dont un enfant a besoin pour s'épanouir dans son milieu, surtout éducatif. Tibila profitait beaucoup d'elle non pas par ruse mais par honnêteté. Ils bouffaient ensemble toujours leur argent de poche même si vous, chers lecteurs, vous devinez bien que le sien était insignifiant.

Tibila est allé à l'école dans les années 1994. Il fit le cours préparatoire première année jusqu'au cours élémentaire première année à Akakro dans la république de Magué. Et du CP1 au CE1, il n'avait jamais été hors de la première ou la deuxième place du classement à la fin de chaque trimestre. Bertille et lui alternaient démocratiquement ces deux premières places. Leurs camarades les appelaient même mari et femme du fait que leurs rangs se suivaient toujours. Chose normale à l'école primaire. Bien sûr, ce n'était pas le cas mais une chose était certaine, l'un ne pouvait pas travailler sans l'autre. Elle était sa motivation extrinsèque et lui pourrait l'affirmer qu'il était autant pour elle.

Terminer ses études à Magué était le rêve que Tibila incarnait. Mais pourquoi pas ? La république Maguenne avant cette guerre fratricide était un pays d'hospitalité malgré les quelques divergences qui existaient déjà entre les autochtones et les étrangers. Mais les gens arrivaient quand bien même à se côtoyer. Puis survint en 1996 la catastrophe, la guerre civile.

Tibila se souvenait de ce jour comme si c'était la veille. Oui ! Il se souvenait comme s'il avait l'âge adulte à l'époque. Ce fut une journée historique. C'était un vendredi soir vers les 16h. Ils étaient déjà en vacances. Ce jour-là, son père avait pris un groupement des jeunes du village dont le but était d'aider les parents à cultiver leurs champs à un très faible prix. Son père avait pris donc le groupement qui l'aider à cultiver son champ de coton. C'était vraiment le délire au champ ce jour-là. Les jeunes étaient tous déterminés à terminer le champ avant de rentrer chez eux. Ils disaient que depuis qu'ils avaient commencé à cultiver, ils n'avaient jamais été satisfaits comme ce jour-là. Le père de Tibila avait mis à leur disposition tout ce dont ils avaient besoin pour leur inspiration : le café sauvage, le dolo de mais, de la cigarette, du bandji, ...il a même tué deux chèvres ce jour. Effectivement les jeunes ont eu le diable au corps ce jour-là. Mais cette humeur allait vite s'échapper. C'est donc soudainement vers les 16h qu'ils entendirent un bruit à intonation féroce puis un autre quelques instants après en direction de Pelezi. Pelezi est le département dans lequel se trouve le village d'Akakro. Il est situé à une dizaine de kilomètres d'Akakro. C'était étrange, un tel bruit, ils n'en avaient jamais entendu auparavant. Ils ignoraient également ce qui s'y passait. Les cultivateurs continuaient leur travail avec des plaisanteries. Certains disaient que ça devrait être une partie du ciel qui tombait et d'autres que c'était la nouvelle version du grondement des tonnerres. Bref ! C'était des plaisantins.

Ce fut aux environs de 18h qu'ils ont fini de cultiver le champ. Tout le monde s'est précipité à la maison pour se mettre au parfum de ce qui s'était passé. C'était curieux mais inhabituel, donc normal qu'ils se soient inquiétés. Au village, c'était le silence de mort. C'est là qu'ils apprirent que leur département Pelezi avait été attaqué. Cette attaque eut lieu le jour même du marché. La cible principale de cette attaque était le chef Paan. Les Paan sont une ethnie majoritaire et autochtone du département. On dira plutôt tout le pays. Mais cette attaque eut des dommages collatéraux car beaucoup de gens y ont laissé la vie. Malheureusement encore, le chef a été abattu dans sa cour en plein centre du marché.

Pourquoi le chef Paan ? Le chef Paan était un incontournable et véritable politique. Il avait joué un rôle capital dans les élections précédentes. C'est tout ce que les villageois savaient de lui et ils avaient du mal à supporter qu'il soit abattu de cette façon. La deuxième explosion eut lieu en plein marché et causa des pertes en vie humaine et des graves blessés sans parler des dommages matériels et immobiliers. Ainsi, des boutiques ont été saccagées et les marchandises sur les tables ont été renversées puis trimballées par les gens qui s'échappaient des balles assassines. Parmi les victimes se trouvaient Marcel, un vaillant homme du village d'Akakro. Sa fille Christine qui y était également avait été grièvement blessée ce jour-là. Ces derniers se retrouvaient à Pelezi ce jour-là car Christine ne se sentait pas bien. Elle avait une forte fièvre la matinée. Son père l'avait amené à l'hôpital de Pelezi voir un docteur. Ils ont donc été touchés par des balles et ont dû subir des interventions chirurgicales pour extraire ces balles.

Au début, les villageois se disaient que c'était un règlement de compte avec le chef Paan et que c'était fini. Pourtant, ce n'était que le début d'un commencement qui allait perdurer en occasionnant des hécatombes.

Le lendemain matin, les rebelles envahirent le carrefour d'Akakro et installèrent une petite base. C'était un détachement de mercenaires. Toutes les voies qui menaient au département étaient barricadées. Personne ne pouvait donc traverser au risque de se faire fusiller comme un lièvre en pleine brousse. Ils étaient armés jusqu'aux dents. Au début, ils s'en prenaient farouchement surtout aux voleurs. Ils les fusillaient en plein jour et jetaient leurs corps sous les ponts. Mais certains villageois étaient contre cette façon d'exposer les corps de ces derniers. Ils enterraient donc les corps qu'ils trouvaient sur leur chemin. Chose qu'il ne fallait pas. En temps de guerre, tout est permis. Il y avait ces traîtres qui partaient informer aux rebelles ce qui se passait après quand ils jetaient un corps dans la nature. Beaucoup de ceux qui enterraient ces corps jetés par ces derniers ont été appréhendés, puis ont subi le même sort que leurs victimes sous prétexte qu'ils étaient de connivence avec elles.

En réalité, les villageois ne le faisaient pas par complaisance ou par chaleur humaine encore moins d'être de mèche avec ces derniers. Ils souhaitaient même leur anéantissement. Mais ils ne pouvaient pas laisser ces corps exposés de peur qu'ils ne polluent les rivières dans lesquelles ils se ravitaillaient. Les traîtres le savaient bien, mais il y'avait bien des règlements de compte. Pour se venger de leurs ennemis de longue date, certains ont saisi l'occasion. Une véritable chasse à l'homme fut ouverte contre ces derniers.

Malheureusement, le père de Tibila faisait partie de ceux qui enterraient ces dits corps. Il était le représentant des ressortissants de leur pays dans ce village. Il a dû se faire des ennemis en tant que médiateur. Peut-être a-t-il été partial lors de la résolution de certains conflits. Qu'à cela ne tienne, beaucoup l'en voulaient pour des raisons diverses. Il était donc devenu instable à cause de la menace. Mais plus les jours avançaient, plus la situation de la guerre s'empirait. A un moment donné, les rebelles ne s'en prenaient plus ni qu'aux voleurs, ni qu'à leurs soi-disant collaborateurs. Mais tout le monde était menacé car des femmes et des enfants ont été froidement abattus.

En moins d'une semaine, le village d'Akakro était vidé de toute sa substance humaine. Les villageois ont dû se cacher dans les forêts pendant des mois, laissant derrière eux leurs bétails et habitations. Les rebelles étaient devenus les véritables propriétaires de ce village et tout ce qu'il possédait. Cependant, c'était le calvaire total dans les forêts. L'insécurité régnait en maître absolu, que ce soit au village ou dans les forêts. Personne n'avait le droit aussi de se retourner au village pour quoi que ce soit au risque de se faire tuer. Ce fut malencontreusement le cas tragique de Patrice, un des voisins de Tibila, qui serait fusillé lors de son retour au village pour voir sa mère qui était gravement malade. Celle-ci avait refusé de prendre la fuite. Cette vieille dame se disait être un fardeau pour sa famille en fuite. Donc elle avait préféré attendre son dernier jour dans le village. Patrice qui était reparti pour voir sa mère qui souffrait seraient vu par les rebelles comme un ennemi. Il serait lâchement abattu par une balle. Le village était devenu hostile à la vie des villageois.

Tibila a fait plus de deux mois dans les forêts avec ses parents. Ils étaient à la merci des pluies, des vents, des reptiles et bien d'autres dangers. Quelques temps après, la situation était devenue un peu calme qu'on pourrait qualifier de drôle de guerre. Ceux qui avaient un peu les moyens envoyaient leurs familles au pays. Cela se faisait à travers les remorques. Les compagnies de transports ne circulaient plus. En plus d'être des remorques, le prix du transport avait grimpé comme jamais. Il fallait être aisé pour pouvoir rapatrier sa famille au pays.

Dieu merci, le père de Tibila ne manquait pas les moyens, ne serait-ce que pour leur amener au pays. Il a donc payé le transport. Face à cette conjoncture, on ne reconnaissait plus les enfants. Tout Homme avait le devoir de présenter un reçu bien signé attestant qu'il s'est acquitté de son transport. Tibila qui avait à peine huit ans avait été obligé de prendre un ticket. Une fois le ticket acquit, ceux qui n'en avaient pas enviaient ceux qui en détenaient. C'était une grande délivrance. Le véhicule qui devait remorquer Tibila et sa famille arriva sur les lieux, en pleine forêt où s'étaient réfugiés ces malheureux depuis le début du carnage. Le propriétaire du véhicule avait dressé la liste de ceux qui étaient admis pour l'embarquement.

Tibila avait coulé des larmes ce jour bien qu'étant très jeune à cette époque. Il avait senti la fragilité de l'être humain ce jour-là, surtout face aux horreurs de la guerre. Il a vu des femmes et des enfants en train de verser des larmes de crocodile parce que leurs chefs de famille n'avaient pas les moyens pour les faire rentrer au pays. Ça faisait pitié, mais d'autres méritaient leur sort ; pensa-t-il. Avant cette guerre, il y avait des chefs de famille qui ne se souciaient guère de l'avenir. Ils dilapidaient tout ce qu'ils gagnaient dans les bars, chez les bordelles,... Voilà que cette guerre est venue leur ouvrir les yeux mais c'était déjà trop tard. Ils n'avaient plus les moyens pour ramener la famille au pays. D'autres sont allés jusqu'à oublier leur pays d'origine. Leur famille restée au pays et qui souffrait de la misère. Ils n'étaient plus près à revenir au pays avant que cette guerre ne vienne changer leur avis. Certes ce jour-là, Tibila imaginait déjà comment sera la suite de cette situation pour ces malheureux qui n'avaient pas eu de tickets. Ils avaient enduré pas mal de situation au village et la forêt dans laquelle ils laissaient ces derniers. Malheureusement c'était devenu sauve qui peut.

Cela faisait déjà plus de deux mois que Tibila n'avait plus les nouvelles de Bertille. Tout était bouleversé par cette guerre soudaine. Il s'interrogeait incessamment sur ce qui pourrait l'arriver. Bertille était devenue comme une partie de lui. Il sentait donc un grand vide en lui. Il lui arrivait de fois de penser comment il pourrait, une fois au pays, travailler à l'école sans Bertille. Elle avait déjà envahi son esprit depuis leur première année de cour préparatoire. Ils étaient devenus comme ces espèces de jumeaux. Tibila ne pouvait pas travailler sans Bertille et elle non plus sans Tibila. C'était une mauvaise habitude et une réciprocité totale pour eux. Le fait donc de ne pas savoir où elle était passée le tracassait. Mais il avait l'espoir que lorsque la situation serait détendue, ils allaient se retrouver et reprendre leur vie quotidienne. Tibila s'était donc trompé et c'est le jour de leur départ qu'il se rendit compte. Dans cette remorque qui était déjà en marche, il se nourrissait toujours d'espoir en se disant qu'ils se reverront un de ces quatre matins.

Le véritable problème c'est qu'à l'époque, ils étaient très jeunes. Avoir un téléphone portable n'était pas donné à n'importe qui. Même aux grandes personnes comme leurs parents, rares sont ceux qui pouvaient s'en à procurer. Sauf que le papa de Bertille possédait un fixe dans sa boutique. Mais tout a été malheureusement saccagé par les rebelles quand la situation devenait de plus en plus alarmante et déplorable. Au village, tous ceux qui possédaient des biens mobiliers et immobiliers se sont vus obliger de les déserter.

Mais Bertille va beaucoup me manquer, se disait-il. Et il ne savait pas par quelle alchimie pouvait-il passer pour lui dire son au revoir avant leur décollage. Dans la même nuit, le véhicule était déjà en route. Les femmes, les enfants puis quelques jeunes que les parents avaient délégué pour les accompagner, tous étaient entassés dans le véhicule comme des bétails. Pire encore, les besoins des enfants, leurs cacophonies avec l'odeur du gasoil brûlé de la vieille remorque rendaient le climat interne hostile. Mais ces pauvres n'avaient pas le choix. Ils avaient le devoir de faire semblant comme si tout allait bien. Surtout qu'ils le savaient bien que d'autres souhaitaient être à leur place depuis le départ. A cela s'ajoutaient les pluies, les vents et le soleil ardent. Le véhicule a roulé nuit et jour pendant trois jours sur des pistes presqu'impraticables. Aucun véhicule ne pouvait prendre la voie goudronnée étant donné que ceux qui créaient les charniers s'y trouvaient. Ils étaient sans pitié, donc à éviter. Les chauffeurs étaient obligés d'emprunter des pistes délaissées depuis belle lurette.

Un jour, après s'être arrêté pour une petite pause afin que les passagers puissent se soulager, le véhicule refusa de redémarrer. Au début, il avait été dit que c'était un problème de réchauffement et qu'il fallait observer un instant pour réessayer. Mais cette panne qu'ils croyaient petite les a maintenus en pleine brousse pendant une semaine. Ce n'était donc pas un problème de réchauffement. Il n'y avait pourtant pas quoi payer. Dans cette brousse solitaire, aucune âme ne s'aventurait pour quoi que ce soit. Ils étaient à des centaines de kilomètres de la ville la plus proche. Aucun signe de vie humaine dans la zone sauf les passagers de leur véhicule. Ils se nourrissaient donc des rares fruits sauvages. Ils dormaient sous la pluie et à la merci des reptiles. C'est une semaine après que le véhicule a pu être réparé. Les mécaniciens disaient qu'une pièce était endommagée et cela était dû au mauvais état de la route. Mais peu importait, ces pauvres gens cherchaient maintenant leur pays qui est pauvre mais la tranquillité et la sécurité y régnaient.

La route était encore longue, puisqu'ils n'avaient pas encore fait le mi-chemin du parcours. Le véhicule a repris son rythme après être réparé. Ils avaient fait encore trois jours dans la brousse pour enfin retrouver la frontière. Ils y arrivèrent après avoir décollé d'Akakro deux semaines avant. Ce fut enfin un soulagement total quand ils virent le drapeau du pays qui flottait en l'air. Le sourire commença à se dessiner sur les visages des passagers. Ils sentaient déjà de loin l'odeur de la paix sous ce drapeau. Ils avaient maintenant la latitude de circuler sur des pistes bien praticables dans le territoire national avec des cars confortables.

Tibila a bien été accueilli au village dans sa chère patrie. Une grande joie et surprise pour les villageois qui ne croyaient pas que ces derniers vivaient toujours. Un des villageois leur laissa entendre que ce n'était que des nouvelles nécrologiques qu'ils recevaient à longueur de la journée. Leur arrivé a soulagé beaucoup de personnes et bien d'autres les reluquaient comme des extraterrestres descendus du ciel à l'aide d'un OVNI. Mais hélas, ce n'était pas de cette façon qu'un aventurier souhaite revenir chez lui après avoir passé tant d'années à l'aventure. Mais face à la situation qui prévalait, revenir en un seul morceau était le plus important. Ce qui a le plus marqué Tibila, c'est qu'il voyait des vieilles qui coulaient de larmes parce qu'elles n'avaient pas leurs enfants parmi ceux qui étaient arrivés. C'était donc encore des désespoirs qui naissaient.

Tibila comme la majeure partie des enfants nés à Magué n'avait jamais été au pays depuis sa naissance. Il ignorait à quoi il ressemblait, son village et il avait hâte de le découvrir. Mais il fut surpris de découvrir un village plein de vieillards et moins de jeunes. Le village était vidé de tous ses bras valides qui étaient tous partis à l'aventure. Effectivement, c'était le calvaire. La sécheresse et les feux de brousses qui ne faisaient que prendre de l'ampleur rendait les sols infertiles. Les quelques rares plantes mouraient. Ces vieilles personnes n'arrivaient plus à manger à leur faim avec les insuffisances et les irrégularités des pluies. Les quelques jeunes qui y sont restés et supposés assurer la relève s'adonnaient de plus en plus à l'alcool. Ces derniers se retrouvaient dans les boutiques de vente de l'alcool avec leurs grands-pères pour se saouler les gueules. Tout le monde ne comptait que sur ceux qui étaient allés à l'aventure. Mais des faux espoirs, ces aventureux revenaient les mains vides. Ils deviennent des charges pour les villageois qui se cherchaient déjà.

Tibila était conscient de tous ces problèmes mais le plus préoccupants pour lui c'était le cas de Bertille. Elle lui manquait beaucoup déjà. Mais il fallait qu'il trouve un moyen de se départir d'elle afin de se tourner vers d'autres horizons. L'année suivante, il a été réinscrit en deuxième année de la cour préparatoire pourtant qu'il avait déjà fait sa première année de cour élémentaire dans la république de Magué. Pour le directeur de l'école où il était inscrit, il n'était pas question qu'on l'inscrive au CE1 car cela pouvait jouer sur ses études dans les classes supérieures. Il disait que les statistiques qu'il avait faites dans son école révélaient que la majeure partie des élèves qui sont venus de la république Maguenne reprenaient toujours leur classe. Donc pour faciliter la tâche à tout le monde et éviter les gros taux d'échecs dans son établissement, il préférait résoudre le problème de cette façon. Cela permettra à l'enfant de se mettre en phase avec le système d'étude du pays et se mettre à jour pour les classes supérieures. Au début, Tibila avait refusé catégoriquement l'offre. Il avait déjà validé cette classe à Magué. En plus de cela, il trouvait que cela pourrait le mettre en retard par rapport à Bertille. Mais c'était la seule école primaire du village. Donc le marché était à prendre ou à laisser. Pour ne pas sortir perdant, il dut accepter l'offre. Au début d'année, il avait l'inspiration mais à un moment donné, il n'arrivait plus à bosser comme à Akakro. Le lien qui existait entre Bertille et lui était sa source d'inspiration. Il venait de réaliser cette évidence. Mais maintenant qu'elle n'était plus là, il ne pouvait pas se permettre de laisser son rang tomber. Il dut travailler pendant longtemps pour se ressaisir dans ses études.

Les années passaient, mais plus Tibila grandissait, plus il passait son temps à penser à Bertille. Mais il avait cru qu'à la fin de la guerre, son père allait le faire revenir à Magué. C'allait être une belle occasion pour lui de retrouver Bertille si elle était toujours en vie. En tout cas il n'avait jamais appris qu'elle était morte, donc sûrement elle était toujours en vie car lui, il l'était toujours. Mais c'était mal connaitre son vieux, il dit qu'il n'était plus question que Tibila revienne encore à Magué. Les autres sont donc repartis après la guerre mais Tibila était resté avec la femme de son oncle parce qu'il partait à l'école. Un faux type avait certainement dit à son père de le laisser continuer les études au pays. Pour ce dernier, les études au pays seraient sérieuses par rapport à celles de Magué. C'est ce que disaient d'ailleurs les gens à l'époque. Mais Tibila se posait la question de savoir en quoi l'enseignement du pays était meilleur par rapport à celui de Magué. Mais c'était du n'importe quoi. De toutes les façons, la république Maguenne était l'une des plus grandes puissances économiques de la sous-région. C'est ça qui était la vérité. Pourquoi lui laisser au pays pour des raisons aussi lapidaires. Bon ou pas, il n'était pas à l'aise dans les écoles au pays.

Quelques années après, le père de Tibila était revenu de Magué pour voir la famille. C'était pour lui l'occasion de demander d'après Bertille. Effectivement c'était la première fois qu'il put recevoir de ses nouvelles depuis le début de la guerre. C'est vrai que son père ne la connaissait pas trop parce qu'elle était aussi jeune que lui quand elle venait dans leur maison. Mais quand Tibila parla de son père, il s'est très vite rappelé. Il dit que le père de Bertille avait été décapité dans sa boutique pendant la guerre par des rebelles. Sa femme tout malheureuse s'était pendue dans sa chambre quelques mois avant qu'il ne vienne au pays. Quant à ses enfants, ils ont déménagé pour rejoindre leurs grands-parents qui étaient dans une autre localité de la république Maguenne. Il lui avait rassuré que Bertille devait faire partie de ces derniers mais qu'il ne savait pas où exactement leurs grands-parents se trouvaient. Tibila était déjà navré d'apprendre la mort de ses parents mais encore plus parce que même s'il venait à repartir à Akakro un jour, ils ne se verront plus. Elle était allée dans une localité où il ignorait. En plus, ils étaient partis sans trace. Il reste à savoir si elle se souvenait toujours de moi-même, pensa-t-il. N'empêche, il avait pourtant hâte d'avoir de ses nouvelles, mais des nouvelles pareilles, il ne s'y attendait pas.

Maintenant, c'était confirmé qu'ils ne se reverront peut-être plus étant donné qu'il ignorait où elle devait se trouver. Il avait donc décidé de ne plus penser à elle. Il avait tout fait mais il la voyait toujours dans ses rêves. Une nuit après avoir lu le livre du CP1 de la république Maguenne, livre qu'ils aimaient lire ensemble quand ils faisaient le CP1, il s'était retrouvé avec Bertille dans son sommeil. Cette fois-ci contrairement aux autres, ils ont pu s'adresser la parole. Elle lui demandait pourquoi il était parti sans laisser des nouvelles depuis tout ce temps-là. Elle lui a également raconté les détails sur la mort de son père. Elle lui dit qu'avant la guerre, un monsieur devait à son père. Ce dernier refusait de s'acquitter malgré l'insistance de son père. Un soir, ce monsieur a donc décidé d'en finir avec son père. Malheureusement, son coup n'a pas marché car son père avait déjà appris les nouvelles et se préparait en conséquence. L'homme avait essayé de payer des gens pour qu'ils fassent le sale boulot mais ces derniers ont préféré vendre la mèche contre des sommes auprès de son père. Finalement, l'homme a été appréhendé ce même soir par les forces de l'ordre. Il avait été incarcéré jusqu'à sa libération quand la guerre déclencha. Ils avaient été libérés puis dotés d'armes pour l'effort de guerre d'un des camps des belligérants. Cet homme était venu avec son horde pour se venger. Malheureusement ce jour-là, son père se trouvait dans sa boutique. Ces malfrats ont eu le plaisir de le décapiter puis partir avec sa tête qui n'a jamais été retrouvée. Quant à sa maman, elle s'est pendue parce qu'elle n'en pouvait plus. Elle avait envisagé le suicide quelques jours après la mort de son mari mais les gens la suivaient de près jusqu'au jour fatal où on l'avait retrouvée pendue dans sa chambre.

Cette nuit-là, tout se passait comme si ces deux enfants s'étaient enfin retrouvés. Tibila n'en doutait pas. Il se réservait de lui demander où elle se trouvait maintenant car il devrait l'écouter parler de ses parents d'abord. De toute façon, il se disait qu'ils avaient toute la nuit pour en discuter. Donc à quoi bon se précipiter ?

Elle continua en disant qu'elle ne croyait plus revoir Tibila et qu'elle n'avait cessé de penser à lui depuis qu'ils se sont quittés. Elle avoua qu'elle avait mis la pression sur son père pour qu'il grouille à ce qu'ils se revoyaient un jour. Ce dernier l'avait donc promis de faire de son mieux. Mais tout c'était déjà tard car celui-ci n'était plus de ce monde. Pour Tibila, l'essentiel est qu'ils s'étaient finalement retrouvés. Il profita de la situation pour l'avouer son amour à son égard. Elle fut étonnée de l'entendre parler cela car pour elle, ils étaient déjà faits l'un pour l'autre depuis le début. Elle l'avait rassuré que leur amour était réciproque et qu'elle n'aspirait autre chose depuis lors que de lui retrouver. C'est quand Tibila s'apprêtait à lui poser un baiser et lui demander où elle se trouvait maintenant qu'il entendit la voix de Pousga :

> — Urbain ! Urbain ! ce n'est pas à Urbain que je parle non ? donc tu n'es pas encore réveillé ? tu seras en retard encore. Toi-même tu connais monsieur Lingani, il va te frapper encore, un enseignant soulard comme ça. Il faut bien dormir seulement, je ne sais même pas pourquoi je parle beaucoup.

C'était l'habitude de Pousga, elle leur réveillait chaque matin quand il y avait cours. Pousga était la première femme de son oncle. Celui-ci en avait d'ailleurs quatre. Les trois se retrouvaient encore avec l'oncle à Magué. Pousga était revenue rester au pays depuis les années d'avant-guerre parce qu'elle se disait vieille pour des aventures à l'étranger. Elle avait trouvé comme raison de plus, rester pour s'occuper des écoliers au village. Sans blague, elle jouait pleinement son rôle. Avec elle, il impossible à Tibila de cesser les cours et faire l'école buissonnière. Elle leur accompagnait de fois à l'école et profitait discuter à propos de leurs comportements et études avec le Directeur monsieur Tiao. Elle savait bien que monsieur Lingani ne badinait pas avec les retardataires. Effectivement monsieur Lingani était un alcoolique du plus haut niveau. Souvent, il venait à l'école juste pour frapper les élèves et repartir tranquillement chez lui. Le connaissant, tout le monde était serein dans la salle à chaque fois, même si celui-ci n'était pas là. Malgré cela, il trouvait des moyens pour frapper ses élèves. Il leur disait que si les élèves sont silencieux dans une classe sans qu'il n'y ait un enseignant, ils sont en train de faire quelque chose de pire. Comme Pousga avait tout son écho, elle faisait de son mieux pour leur éviter de son piège.

Tibila était parfaitement d'accord avec Pousga pour les autres jours. Mais cette matinée-là, il eut une dent contre elle. Elle l'avait arraché Bertille avant qu'ils ne terminent leur causerie. Ils s'étaient quittés sans parler du sujet le plus important, celui de la localité où elle habitait. Mais Tibila ne pouvait pas s'en vouloir à Pousga aussi longtemps car elle ne l'avait pas expressément fait. Elle ne savait pas qu'il était avec une ancienne connaissance. Tibila se disait que s'ils avaient pu se retrouver cette fois, ils allaient certainement se retrouver encore une autre fois. Mais il se trompait, ils n'allaient plus se revoir. Il a attendu cette nuit-là en vain. Au fil du temps, il avait mis cette possibilité de la revoir dans sa corbeille.

Tibila eut son certificat d'étude primaire. Il l'avait eu avec son entrée en sixième. Il a donc été affecté au collège départemental. C'était superbe le collège. Il avait aimé la manière dont les enseignants dispensaient leurs cours. En plus, on n'y parlait plus de chicote mais plutôt des sanctions qui se faisaient par des retraits de points à la fin de chaque trimestre. Méthode qu'il trouva pacifique et raisonnable par rapport au châtiment corporel.

Son cousin Raogo faisait déjà la cinquième. Il devrait aller en classe supérieure mais il a refusé de continuer ses études pour des raisons qu'il préférait garder. Son oncle avait insisté pour qu'il continue mais il n'est jamais revenu sur sa décision. Tibila rentrait au collège quand son cousin y sortait. Mais Raogo n'avait pas abandonné l'école pour rester au village. Un beau matin, ils se sont réveillés trouver qu'il était déjà parti. Il n'y avait plus rien de ses habits et sa valise dans la chambre. Ils avaient fait plus de deux mois sans savoir où il était allé, sans avoir de ses nouvelles non plus. Finalement, un des convoyeurs des cars leur apprit qu'il avait embarqué avec eux il y a quelques mois mais qu'il était descendu à la frontière de Magué. Pousga et ses enfants étaient maintenant rassurés que ce dernier était en vie. En plus, ils savaient désormais où ce dernier pouvait bien être. À Magué certainement pour se chercher. Mais le plus inquiétant est qu'il n'avait jamais atterri où se trouvaient leurs parents. L'oncle de Tibila a dû faire le tour de Magué à sa recherche mais il ne l'a jamais retrouvé. Raogo était toujours têtu depuis son très jeune âge. Il n'écoutait personne. Pousga, sa mère n'arrêtait pas de le battre pour ses bêtises mais il ne faisait qu'à sa tête. Il a repris des classes mais il n'était pas aussi mauvais pour abandonner. C'était le manque de concentration, les faux amis à l'école qui s'incitaient à quitter l'école pour aller à l'aventure. Il a dû suivre des amis pour aller à Magué. Mais le véritable problème était que personne ne savait où il se retrouvait.

C'est après avoir passé des années en république Maguenne que leur cher ami Raogo fit signe de vie. Il avait envoyé une lettre. Et dans sa lettre, il disait être désolé pour avoir quitté incognito la maison. Il était parti sans le dire car il était certain que sa mère n'aurait jamais été d'accord avec sa décision. Et quand il est arrivé à Magué aussi, il évita d'aller où se trouvaient ses parents. Donc il s'était retrouvé dans une localité Paan où s'aventuraient rarement les ressortissants de chez eux. Il travaillait avec un vieux Paan qui le considérait comme son fils. Ce Paan très fier de lui, l'avait même donné une de ses petites filles pour mariage. Ce qui fait que Raogo avait oublié le pays. Il avait tout à sa disposition dans cette famille Paan. Il parlait déjà même la langue Paan. Dans sa lettre, il dit qu'il allait venir rendre visite à la famille et profiter présenter sa femme. La famille ayant appris cela fut enfin content d'apprendre qu'il était encore en vie après ces années de silence radio.

Décidément, Raogo avait tenu sa promesse. Ils n'avaient pas fait plus d'un mois avant de le voir après avoir reçue sa lettre. La famille était en liesse parce qu'un disparu avait réapparu avec une belle femme. Pousga dansait comme elle pleurait quand celui-ci avait disparu il y avait des années. Et quant à Tibila, il était content d'avoir enfin retrouvé son cousin qu'il aimait tant. Il avait déjà eu son brevet d'études du premier cycle et faisait la classe de première.

Raogo leur faisait rire toutes les nuits avec ses histoires drôles de Magué. Il leur raconta qu'il avait été menacé par un policier à la frontière de Magué quand il y partait. Il dit que ce dernier était énervé contre lui parce qu'il l'avait montré ses papiers d'identité au lieu d'un billet de banque. Et comme il n'avait pas assez d'argent, il avait remis un 250fcfa à ce policier qui le retira aussitôt et attendait encore le suivant de la file indienne. Il ajouta que ceux qui faisaient semblant de lire les papiers le faisaient très souvent à l'envers.

Une chose que Tibila avait remarquée quand il était à Akakro, les femmes Paan aimaient être à tout moment à côté de leurs maris. Donc la femme de Raogo étant Paan, elle le suivait partout, c'était devenu leur coutume. Un soir, ils étaient en train de raconter des histoires dans la case de Pousga. Ils étaient en train d'écouter Pousga qui racontait l'histoire de son mariage avec l'oncle de Tibila. Elle disait qu'à leur époque, une fille pouvait se marier et faire un mois dans la famille sans savoir qui, parmi les jeunes de la famille, était son mari. Néanmoins, cette dernière connaissait à quelle famille elle appartenait dès son jeune âge. Mais pour le mari, c'était impossible. Malgré cela, quand la famille décidait de qui serait son mari, elle l'accueillait toute enthousiaste. L'amour naîtra et s'agrandira au cours du temps entre elle et son mari. Elle continua en disant qu'à leur temps, il n'était pas possible de quitter son village pour aller chercher sa femme ou son mari à des kilomètres, de surcroît une autre ethnie que la sienne. Tibila savait que ces derniers propos faisaient allusion à Raogo et sa femme. Mais maintenant, le monde a changé et les gens ont évolué, se disait-il. C'est pourquoi Raogo a pu avoir une fille d'une autre contrée. En tout cas, c'était l'ethnie qui différait sinon que la femme de Raogo comprenait leur langue malgré qu'elle soit Paan. Raogo l'avait appris à parler leur langue quand il est arrivé chez eux à Magué. Comme elle aussi, elle aimait apprendre, elle maitrisait déjà la langue.

Cette soirée-là, ils étaient sereins, ils écoutaient Pousga avec envie. C'était comme s'ils pouvaient faire un retro pour voir tout cela et revenir. Mais le monde avance à grands pas et en sens unique, donc pas de retour possible. Mais ils remerciaient Dieu d'avoir une vieille qui puisse leur raconter cela. Beaucoup n'auront pas cette chance. Et comme d'habitude, la femme de Raogo était avec eux cette soirée-là. C'est là que Raogo demanda sa femme de leur raconter l'histoire qu'elle l'avait autre fois raconté. Mais une chose était certaine, le Paan en général est un Homme ouvert. Il n'a jamais de secret, il est capable de dire tout sur lui. Même si son passé est sombre, il est capable de le raconter. Bertille, digne fille Paan n'en faisait pas exception. Elle décida de leur en parler malgré que Pousga ait dit que ce n'était pas nécessaire. Comme elle s'était décidée, ils étaient là pour écouter avec plaisir. Elle prit alors la parole :

— Moi c'est Bertille Louka, je suis né le 12 février 1989 à Akakro dans la république Maguenne. J'ai fait le primaire dans ce village avant que la guerre ne vienne m'arracher tout ce qui m'était cher. C'est-à-dire mes deux parents et un de mes amis du primaire que je porte toujours dans mon cœur. Raogo doit remercier Dieu car j'aurais pu être la femme de ce dernier. Mais comme je le dis tantôt, la guerre me l'a arraché, pas parce qu'il est mort mais parce qu'il est rentré chez lui sans jamais revenir… ayant tout perdu, mes frères et moi avions quitté Akakro pour aller chez nos grands-parents à Kangassou. Et c'est là que Raogo et moi, nous nous sommes rencontrés… je préfère arrêter là pour ne pas réveiller les génies qui dorment en moi.

Elle avait tout dit, c'était bel et bien Bertille Louka, l'amie d'enfance de Tibila. Mais Raogo n'allait pas s'arrêter là, il demanda à Tibila de raconter un peu quelque chose qui lui avait marqué de son existence. Ce dernier hésita de parler mais ils l'ont obligé à parler. Tibila s'était préparé pour raconter son histoire avec Bertille, mais il ne pouvait plus la raconter car elle l'avait déjà faite. Il préféra garder cela au fond de son cœur pour toujours, et cela pour le bien du foyer de son cousin. Il dut inventer une fausse histoire pour raconter…

Printed by Books on Demand GmbH, Norderstedt / Germany